흘러간다

현대수필가100인선Ⅱ·49

흘러간다

신창선 수필선

수필과비평사·좋은수필사

■책머리에

수필은 누구나 부담 없이 읽고, 마음만 먹으면 직접 쓸 수도 있는 가장 친근한 문학이다. 다른 영역의 문학이 영상매체에 밀려 신음하고 있는 중에도 수필 인구만은 날로 증가하여 바야흐로 수필 전성시대를 구가하고 있는 이유도 거기에 있을 것이다.

시대적 추세에 힘입어 수많은 수필전문지, 수필동인지가 창간되고, 이에 비례하여 신진 수필가도 날로 늘어나다 보니 이제는 그 많은 작가, 그 많은 작품 중에서 문학성 높은 작품을 가려 읽는 일이 쉽지 않게 되었다. 이런 현상은 작가에게나 독자에게나 결코 바람직한 일이 아니다. 더 나아가서는 수필을 연구하는 후세들에게도 큰 부담이 될 것이다.

이런 문제를 해결하는 데는 출판인도 마땅히 한몫을 감당해야 한다는 평소의 소신에 따라, 본사가 기꺼이 그 역할을 맡기로 했다. 그 첫 번째 사업으로 시대를 대표할 만한 수필가 100인을 선정하고, 작가가 자선한 40편 내외의 작품을 수록한 문고본을 발간하여 이를 널리 보급함으로써 그 소임을 다하고자 한다.

본사는 사명감을 가지고 이 사업을 추진해 나가기로 했다. 작가 선정을 전담할 편집위원회를 구성하고 전권을 위임하여 일체의 사적인 정실이나 청탁을 배제함으로써 전문성과 공정성을 확보해 나갈 것이다.

따라서 이 기획물 속에는 작가의 문학정신뿐만 아니라, 본사의 문학사적 기여 의지와 편집위원 제위의 수필문학에 대한 애정과 문인으로서의 양심이 함께 담겨 있음을 자부한다. 다만, 작가를 선정하는 기준에는 많은 견해의 차이가 있을 수 있고, 선정 과정에서도 미처 챙기지 못한 부분이 있을 것이라는 사실만은 인정하지 않을 수 없다. 이 점에 대해서는 관계자 여러분의 양해 있으시기 바란다.

이 시리즈의 발간 순서는 작가, 또는 본사의 사정에 의한 것일 뿐 그 밖의 어떤 기준도 적용하지 않았음을 밝힌다.

본 기획물이 시대를 초월한 많은 수필 애호가들의 관심과 애정 속에 우리나라 수필문학 발전에 한 이정표가 되기를 바랄 뿐이다.

본사에서는 이상과 같은 취지로 ≪현대수필가 100인선≫ 전 100권을 완간하여 큰 반향을 불러일으킨 바 있다.

그러나 우리 수필문단의 규모나 수필문학의 수준에 비추어 선정 작가를 100인으로 한정하는 것은 형평성이나 효율성 면에서 크게 부족하다는 의견이 많았고, 본사 또한 이를 통감하던 터라 기꺼이 ≪현대수필가 100인선Ⅱ≫를 발간하기로 했다.

본사의 충정에 찬동하여 출판에 응해주신 저자 여러분에게 진심으로 감사한다.

2014년 9월 일

수필과비평사 · 좋은수필사 발행인 서 정 환

현대수필가 100인선 간행 편집위원 박 재 식 최 병 호

정 진 권 강 호 형

오 세 윤

| 차례 | 현대수필가100인선Ⅱ · 49

1_부 어멍아 어멍아

2_부 이어도 사나

3_부 오름아리아

4_부 버킷리스트 여행

1부

잃어버린 달

오래 전 산골학교 총각 선생이던 시절, 달빛과 함께 한 추억은 바위의 주름살이 되어 남아 있다. 닷새마다 돌아오는 상주尙州 5일장을 손꼽아 기다렸다. 읍내 장터에는 늘 사람들이 넘쳐났고, 풍성한 먹을거리는 촌사람의 혼을 빼놓곤 했다.

자취 생활에 필요한 일용품, 찬거리 등을 대충 챙기고, 돼지국밥과 막걸리로 배를 채우고 나면 포만감에 젖어 온 세상이 내 것이 되곤 했다. 황제 같은 기분으로 장터 구석구석을 누볐다. 때로는 유목민처럼, 때로는 방랑자 같이 순간순간의 자유를 만끽했다.

해가 저물 무렵 서점에 들러 책 몇 권을 사들고 바쁘게 버스 정류장을 찾았다. 이미 끊어진 버스는 하루에 한 번, 그것도 불규칙적으로 운행했다. 이런 경우 함창 방면 버스를 타고 중간 기착지인 백원白元에서 내려 걸어가야 했다. 멀리서 울려 퍼지는 엿판 장수의 각설이 타령이 내 입술에 달라붙는 것 같았다.

백원에서 내가 사는 우산愚山 마을까지는 삼십 리가 훌쩍 넘는다. 백원에서 평지길 시오리를 지나 갈령재를 넘고, 몇 번의 도랑과 산모퉁이를 돌아야 하는, 어렵지만 재미있는 코스다.

백원 평지길에 달빛이 쏟아졌다. 달빛 세레나데가 몸과 마음을 적셔 발걸음을 가볍게 했다. 매뉴얼 없이 자유분방하게 달빛 속을 걸어가는 나의 모습은 영화 서편제에서 흥겹게 노래 부르며 굽은 길을 돌아드는 주인공보다 훨씬 앞선 주인공이었다.

어느새 걸음이 처지기 시작했다. 갈령재가 가까워졌기 때문이다. 숲속을 지나 너럭바위에 앉았다. 나뭇가지에 걸린 달이 바람결에 스치는 여인이 되어 스무살 총각 마음을 흔들어 놓는다. 날씬한 조각달 아가씨가 환상 속으로 지나갔다. 하현달 같은 늘씬한 여인도 보였다. 반쪽이 있어 서럽지 않은 반달 여인이 손짓하는 모습이 보이는 것도 같았다. 달에서 생성과 소멸, 그리고 부활의 의미를 깨우쳤다.

하늘이 빠끔 트인다. 갈령재 정상이 가까워진 것이다. 손에 잡힐 듯 보름달 여인이 쉬었다 가라 한다. 수줍은 총각은 재빨리 정상으로 내닫는다. 내 마음을 어떻게 비워야 할지 미적거리는 사이, 바람에 놀아나는 뭉텅구름이 달을 좇아 보낸다.

정상에서 숨을 고르는데 고향이 아련히 떠올랐다. 지도에서도 고향은 한 뼘 넘게 저만치 있다. 팔자소관이려니 생각하며 눈을 감는다. 그때 무슨 일인지 정읍사井邑詞 백제 여인의 구슬픈 노래가 별안간 내 등짐을 붙들었다. 그 백제의 여인이 그리웠다. 어느 세월에 덧없는 망부석이 되었을 여인. 아니면 비녀를 곱게 꽂은 달맞이꽃이 되어 지금도 어디선가 낭군을 기다리고 있을지도 모른다는 뜬금없는 생각에 젖어 있었다.

밤이 점점 깊어갔다. 정상을 내려오면서 나도 모르게 굿거리 장단의 제주 오돌또기 노래를 흥얼거렸다. '오~돌또~기 저기 춘향 나온다. 달도 밝고 내가 머리로 갈까나….' 고향이 왈칵 달려드는 것 같았다. '둥그데 당실 둥그데 당실 여도 당실 연자 버리고 달도 밝고 내가 머리로 갈까나.' 후렴구가 튀밥처럼 입술에서 쉼없이 나풀거렸다.

노래하는 사이 냇가에 다다랐다. 바지와 신발을 배낭에 쑤셔 넣고 삐뚤삐뚤 놓인 징검다리를 짚다가 철버덕 물에 빠졌다. 이효석의 '메밀꽃 필 무렵'의 장돌뱅이요, 얼금뱅이인 허생원의 모습이 떠올랐다. 은근히 허생원이 부럽다는 생각이 들었다. 허생원에게는 그를 업어줄 동이가 있지 않은가. 나는 달을 업었다. 달빛이 소금 뿌린 듯, 새하얀 봉평 메밀꽃밭길이 눈에 어른거렸다. 내가 건너는 시냇물엔 그물에도 걸리지 않는 달빛을 벗삼아 피라미들이 꼬리를 흔들며 밀어를 나누고 있는 중이었다. 모래밭 소라껍데기처럼 나 혼자 동그마니 남았다. 이 세상 외톨이는 나 혼자뿐이라는 서글픈 생각이 내 온몸을 휘감았다. 젖은 옷가지에 스며든 상념은 언제쯤 마를 것인가.

털레털레 집에 도착하니 반딧불 하나가 내 옷소매에서 날아갔다. 그래, 나는 그동안 달빛을 머금은 풀잎이었던가. 격자 창문을 여니 하얀 달덩이가 맑은 향기가 되어 방안을 가득 채우고 나를 기다리고 있었다.

그러나 어느새 도시에 살면서 추억의 달을 잃어버렸다.

사투리 예찬

"아그 더버라. 야들은 와 이리 지랄이고."

아이들이 앙증맞게 떠드는 소리에 오랜만에 우리집에 놀러 오신 장모님께서 웃으면서 하는 소리다. 어머니께서는 장모님과 눈인사만 하고 당신 방으로 들어가 버리신다. 아마 '지랄'이라는 소리에 장모님이 상당히 기분 나쁜 일이 있는 것이라고 판단하신 모양이다. 제주 사람의 언어감각으로는 이해 못할 법도 한 일이다.

서울 종로 거리를 빨간 구두를 신은 아가씨가 살랑살랑 예쁘게 걸어간다. 이를 본 경상도 총각이 "저노무 가스나 지긴다 지기." 하고 한마디 하자 전라도, 충청도, 제주도 총각도 한마디씩 거든다. "저 가시나 나뿌닥 반반하네.", "저 기집애 괜차녀.", "자이 곱닥 허다이." 이런 말을 아가씨가 알아들었을 리는 만무하더라도 발걸음을 빨리 재촉한다. 그런데 경상도 말인 '지긴다'는 널리 의미가 통하는 말이다. 기분이 나빠도 '지긴다'요, 기분이 좋아도 '지긴다'고 한다. 감동적인 풍경이 밀려와도 '지긴다'로 통하는 그 뜻은 심오하기까지 하다. 다른 지방의 말도 형태만 다를 뿐 뉘앙스는 퍽 자유스러우면서 흉내 낼 수 없는 구수한 맛을 지니고 있다 하겠다.

표준말은 소통 장애가 일어나지 않게 하고, 모든 사람들이 자유롭게 의사소통하게 하며 나랏말의 얼굴이 된다. 그러나 사투리를 위한 사투리는 경계해야 할 일이지만 표준말을 지나치게 강요하거나 표준말을 안 썼다고 틀렸다고 하는 것은 중앙집권적인 언어 독재이다. 우리는 그동안 경상도 대통령, 전라도 대통령을 겪었어도 별 어려움 없이 지냈음을 경험하지 않았던가. 거친 야생마도 좋은 조련사를 만나 길들이면 명마가 된다. 그러나 얼룩말은 좀처럼 길들여지지 않아서 일부러 길들이려 하면 아예 죽어버린다고 한다. 사투리는 야생마도 얼룩말도 아니다. 사투리가 없는 세상, 그곳은 사람사는 곳이 아니다.

십리부동풍十里不同風이란 말이 있다. 십리 밖 바람은 다르다. 바람은 곧 문화요, 언어와 함께 문화는 살아 움직인다. 김영랑의 '오-매 단풍들겄네'라는 작품이 살아 움직이는 것은 사투리의 매력 때문이다. 소월, 만해, 지용, 백석, 미당 등의 시에서는 자신의 고향 언어가 시의 모태가 되고 있음을 본다. 박경

리의 '토지', 조정래의 '태백산맥', 이문구의 '관촌수필'의 공통점은 작품 속에서 구수한 지역 사투리를 구사하고 있다는 점이다. 이들 작품 속에 질펀하게 담긴 경상도, 전라도, 충청도 사투리를 서울말로 바꾼다면 그 매력이 상당 부분 사라질 것이다. 사투리는 우리 마음 깊숙한 곳을 건드려 정서적 울림이나 충격으로 다가오기 때문에 그들의 시나 소설이 오래도록 생명력을 끊임없이 뿜어내고 있는 것이다. 사람은 열 살 이전에 친숙했던 풍경이나 어휘에 평생 끌린다는 말은 빈말이 아니다.

그림 잘 그리는 학생의 크레파스 뚜껑을 열어 보면 빨강, 노랑, 파랑, 초록, 분홍, 검정, 살색, 보라색 등 여러 색들이 골고루 닳아 있다. 가을 단풍 숲이 아름다운 것도 여러 색이 골고루 섞여 있기 때문이다. 만일 붉은 색만 있다면 징그럽지 않겠는가. 다름 속에서 같음을, 같음 속에서 다름을 찾아내는 지혜가 필요하다. 평면적인 느낌을 주는 서울말에 비해 사투리는 가을 단풍숲이나 크레파스 그림처럼 우리말에 담겨 있는 역동성과 생동감을 잘 나타내어 준다. 표준말에 갇혀 있는 언어적 상상력의 한계를 한방에 날려 버리는 자유분방함이 사투리의 특징이라 할 것이다. 팍팍한 도시 생활에 지쳤을 때 고향 친구와 진한 사투리로 한바탕 뒹굴고 나면 마음이 가라앉는다. 사투리에는 아늑한 고향길이 지천으로 열려 있다.

어느 행동생태학자는 새들도 어른이 되는 과정에서 둘 이상의 사투리를 배우지만 결국 정착하는 지역의 사투리로 자신의 말투를 다듬어 간다고 한다. 하물며 사람에 있어서랴. 만일 충청도 사람이 강원도 산속에서 말꼬리를 길게 늘여 말을 한다면 사방 웅웅거리는 메아리 때문에 분별이 어려울 것이다. 강원도 사람이 너른 평야 지대에 가서 산간지역에서처럼 간결한 음성으로 말을 하면 미처 의미가 전달되기도 전에 끝나 버리게 될 것이다.

언어의 중요한 기능은 의사소통이다. 다행히 통신기술의 발달로 표준어의 소통엔 큰 문제가 없다. 문학작품이나 드라마의 다양한 소재는 사투리의 소통에도 많은 도움이 되고 있다. 서울 가면 서울 표준말, 부산 가면 부산 표준말, 제주 가면 제주 표준말을 써 버릇하면 어떨까 하는 궁상스런 생각도 해 본다. 사투리 경연 대회가 정기적으로 자주 열린다면 못 할 것도 없다는 생각도 든다. 서울 친척집에 며칠 다녀온 친구가 말끝마다 '~했잖니'라며 얘기한다. 서울 사람 다 된 듯 간드러진 목소리로 어투가 달라지자 등에 뭔가 스멀스멀 기어다니는 것처럼 머쓱하여 헛기침을 하며 끙끙댄 경험이 나만의 일은 아닐 것이다.

가끔 딸 아이가 있는 서울 나들이를 할 때가 있다. 서울에 머물다 보면 너무 조용한 말씨에 귀가 맨 먼저 당황하는 것 같다. 버럭버럭 질러대는 직거래 장터식의 경상도 말씨에 비해 서울말은 부드럽고 나긋나긋하여 좋은 것 같으면서도 왠지 싫다. 고기도 제 놀던 물이 좋다고 했던가. 버스를 타거나 지하철 타서 보아도 눈 감고 입 막은 사람들 뿐이다. 부산에 가려고 서울역에 가면 경상도 말씨가 여러 지방말과 섞여 간간이 들려온다. 기차를 타고 대전까지는 눈을 감고 조용히 지낼 수 있다. 아직까진 충청도 땅이기 때문이다. 가끔 누군가가 팔다리를 스치는 것 같아 눈을 떠 보면 커다란 목소리가 왁자하게 들리기 시작한다. 기차가 경상도 땅으로 진입했음을 알리는 신호이다. 우악스런 경상도 사투리에 잠을 깼지만 반가운 마음을 숨길 수 없다. 나도 몰래 사투리가 들리는 쪽으로 귀를 쫑긋 세우고 우물우물 중얼대다 그만 피식거리고 만다. 대구를 지나 밀양을 지나면 집에 다 왔다는 생각에 몸과 마음이 다 가벼워진다. 제주 사람이 부산에서 사십여 년 살다 보니 부산이 제2고향이 된 셈이다.

아내가 외출하려는지 헤어드라이 소리가 오래도록 앵앵거린다.

"시끄럽다, 고마해라."

"아요, 쪼매 기다리소."

제주 사람이 부산 오래 살았다고 질러대는 소리에 짜증스런 대답이 달려든다. 우리집은 경남 의령이 고향인 아내와 제주 사람이 소설 속 주인공처럼 아옹다옹대고 있다.

손전화 벨이 울려 받아 보니 제주 선배의 반가운 목소리다.

"창선아, 제주에 언제 올꺼고."

"미안허우다, 벌초 때 가쿠다."

한동안 제주 공항의 '혼저 옵서예' 푯말이 뭉게구름이 되어 내 마음속을 꽉 채우고 있었다.

특별한 도쿄여행

그렇게 해방이 되면서 일본에 계시던 부모님께서 갓난아이인 나를 둘러업고 제주에 귀향하셨다. 살길이 막막한 터라 아버지는 다시 일본으로 건너가시고, 어머니는 그냥 고향에 눌러 사셨다. 역설적으로 해방이 아버지와 나를 갈라놓은 계기가 된 셈이다. 내 기억에 아버지 모습이 남아 있을 리 없다. 아버지와 찍은 사진 한 장 없다. 아버지에 대한 주위의 얘기가 전설이 되어 남아 있을 뿐이다.

그 후 아버지와의 만남이 단절된 채 팔자소관대로 어렵게 생을 이어가고 있었다. 가난한 생활이 숙명처럼 이어지고 있었는데 중학교 1학년 가을에 일본에 계시던 서른네 살의 아버지께서 운명하셨다는 소식을 접하게 되고, 이것으로 아버지와의 인연은 끝이라고 생각했다. 그런데 세월이 흐를수록 그 인연은 끝이 아니었고, 지독한 거미줄이 되어 나를 꽁꽁 묶고 있음을 발견하게 되었다.

우연한 기회에 일본인 어머니 주소를 알게 되어 일본인 어머니와 이복 여동생 마사요政代에게 간헐적으로 편지 왕래를 시작하였다. 일본 여자에 대한 어머니의 증오는 끝 간 데를 모르고 나를 옭아매곤 했다. 그렇더라도 아버지가 거둔 혈육에 대한 정을 떨쳐 낼 수는 없었다. 특히 일본에서 소학교 교편을 잡고 있는 마사요는 나랑 같은 직종이어서 많은 얘깃거리가 오고갔다. 아버지 유골 문제, 두 어머니의 갈등 문제 등 할 얘기가 너무 많았다. 이십여 년을 어머니 몰래 주고받은 편지 끝에 도쿄에서 그들을 만나게 된 것이다.

얼굴도 모르는 아버지의 흔적을 찾는데 육십여 년이 흘러가 버린 셈이다. 피는 물보다 진하다는 평범한 진리를 경험하게 된 것이다. 이제사 갑갑한 세월 따라 아버지의 그림자 속에 갇혀 있던 나를 끄집어 낸 것이다. 참으로 희한하게 뒤틀린 삶이요, 바보 같은 세월이었다. 하마터면 아버지를 영영 잃어버릴 긴 세월이었다.

도쿄에 있는 이복 여동생의 일본식 3층 기와집은 20평 정도의 아담한 집이었다. 여동생은 초등학교 교사이고, 제매는 중학교 교감으로 이 집을 장만하는 데 30년이 걸렸다고 한다.

일본인 어머니 아키야마 나쓰코秋山 ナシ子는 아흔 살이 넘었는데도 지팡이 짚는 것 외에는 정정하셨다. 검버섯 하나 없

으셨고, 소탈한 목소리와 사진첩을 보면서 가끔씩 써 보이는 달필은 나와 동행한 아내의 마음을 사로잡는 데 충분하였다.

대화의 주요 내용은 아버지 없이 사느라고 얼마나 고생이 많았느냐는 일본 어머니의 사죄성 이야기가 대부분이었다. 조카들이 신기한 눈빛으로 던지는 이런저런 질문에 응답하는 가운데 오랜 친구와의 만남처럼 따뜻한 분위기가 이어졌다. 국적이란 게 아무런 의미가 없고 장난처럼 느껴졌다.

점심식사로 차려진 초밥을 먹고 다시 지난 과거사 얘기를 나누고 일본인 어머니의 떨리는 손을 맞잡고 사진 찍고 헤어졌다. 여동생의 막내아들이 다니고 있는 도쿄대학교로 향하면서 몇 번이나 뒤돌아보아도 일본인 어머니는 끊임없이 손을 흔들고 있었다. 갑자기 제삿상에 놓인 아버지의 30대 젊은 얼굴이 까닭 없이 겹쳐진다.

어머니가 살아 계실 적에 아버지를 욕하시는 일은 전혀 들은 기억이 없는 것 같다. 아버지와의 그 짧은 삶을 얼마나 값지게 생각하시는지 아버지에 대한 자랑으로 일관하셨다. 그 멋진 아버지를 일본 여자가 망쳐 놓았다고 늘 푸념이셨다. 일본 여자에 대한 원망은 증오 그 이상이었다. 시신 없는 아버지 장례식, 초하루 삭망, 삼년 상, 기제사를 지극 정성으로 모시는 어머니의 애틋한 마음을 옆에서 지켜보았다. 그런 어머니가 돌아가신 요즈음은 어머니, 아버지의 제사 때 지방 대신 사진으로 합제를 지내는데 젊은 아버지 곁에 있는 어머니가 너무 늙고 춥게 보여 안쓰러울 뿐이다. '나는 누구인가'는 내가 살아 있는 동안 미로에 방황하는 화두일 뿐이라고 생각했다. 아버지가 남겨 놓은 안개 같은 끈, 보이는 듯 보이지 않고 손에 잡히지 않는다.

일본 식구들과의 닷새 동안의 도쿄 여행은 편지로만 주고받았던 아버지의 추억을 길어 올린 사색의 길이었고, 나를 찾아내는 작업이었다. 아버지의 흔적을 더듬어 나가면서 내 마음은 촉촉이 젖어들었고, 마침내는 가슴 벅찬 회한이 비가 되고 강물이 되어 흘러가고 있었다. 아버지 영혼의 씨앗이 영글어 내 마음에 싹트고 있었다.

일본인 어머니께서 살포시 웃으시며 엮어 나가는 이야기는 소설이었으며, 글씨는 맑은 먹의 향이 되어 가슴에 스며들었다. 아버지가 이 일본인 여자를 선택한 수수께끼 같은 이야기는 함박눈 시나리오가 되어 내게 다가왔다. 이국땅의 형제들과의 서툰 대화는 이 세상에서 가장 아름다운 다큐멘터리였다. 국적이 다른 일본 식구들의 포근한 눈빛을 통해 내가 그동안 홀로가 아니었음을, 내가 당당히 살아있음을, 그리고 고통 너머의 행복을 확인할 수 있었다.

지하에 계신 한 많은 어머니도 이제는 그 동안의 슬픔을 삭여 내어 못난 아들을 용서해 주시리라 믿는다. 내일은 제주섬에 있는 어머니의 무덤을 찾아 하얗게 덮인 눈 털어내고, 말라버린 잡초를 깨끗이 뽑아내어 큰절 올려야겠다.

도쿄 미나토구港區 아카사카赤坂 호텔에서의 마지막 밤, 잿빛 진눈깨비가 사라진 맑은 하늘이 환하게 새고 있다.

아, 아버지의 분신이 너무 많구나.

어멍아 어멍아*

"느네 어멍 또 미쳤시냐."

어렸을 적 동네 사람들이 쉽게 내뱉었던 말이다. 또 미쳤느냐는 '또' 소리가 들릴 때마다 온몸이 또 달아오르다가 사그라지곤 했다.

어머니는 잊어버릴 만하면 청상과부의 한을 이기지 못하여 쓰러지셨다. 뭇 사람들의 시선을 피해야 하는 표정관리며 몸 관리에 지쳐 옹이가 터진 것이었다. 낙락장송 같은 마음이 무너져 내린 허허로움이었다. 덩어리진 한을 뿜어낸 자유인지도 모른다.

---

* '어멍아 어멍아'는 '어머니 어머니'의 제주도 방언. 경상도에서 흔히 사용하는 '어무이요 어무이요' 정도의 뉘앙스를 풍기는 말이라고 할 수 있다.

느닷없이 일본에서 날아든 아버지의 부음을 받고 시신 없는 초상을 치루었던 어머니의 모습은 지금도 허깨비 같은 영상으로 남아 있다. 굴건제복을 하고 대·소상, 초하루·보름 삭망을 삼년 내내 지극 정성으로 모시던 어머니는 순종의 노예요, 망부의 화신이었다. 어머니에게 불경이부不更二夫의 규범은 망부석 그 이상의 징표였다.

육십이 넘은 어머니가 또 쓰러지셨다. 가난을 벗어나고 손자, 손녀가 재롱을 떨던 그런 시기라 이해하기 힘들었다. 어머니 가슴에 막히고, 박히고, 맺히고 덩어리진 한은 그 누구도 어쩔 수 없는 불덩어리 같은 것이었다. 세월이 흘러 자신의 처지를 새삼 찾았을 때의 허망함이 원인이라면 원인이겠다. 화산을 지닌 여인의 내밀한 언어를 조금도 이해 못한 나의 불효가 어머니의 허망함에 또 다른 불을 질렀다.

중병을 앓고 있는 어머니는 겹으로 잠근 방에 갇혀 있었다. 이른 새벽에 아내와 함께 면회를 갔을 때 우린 방관자일 뿐이었다. 면회 시간 전이라 병원과 맞닿은 작은 언덕에서 내려다보니 어머니가 멍한 눈빛으로 손을 비틀면서 마당의 풀을 뽑고 있었다. 면회 시간이 되어 기다란 일반 병실을 지나 또 하나의 커다란 자물통을 열고 어머니가 계시는 독방 철문을 밀어낸다. 알 수 없는 주술을 외우고 있는 어머니의 모습을 보는 순간 온몸이 감전된 듯 그 자리에 멈춰 섰다. 멍청히 서 있다가 손목 한 번 잡아 보고 그냥 나올 수밖에 없었다.

정신병에 대한 수십 권의 책을 읽다 보니 책 속의 주인공들은 우리와 거의 닮아 있으나 조금 일그러진 삶을 살고 있을 뿐이라는 생각이 스쳐 지나간다. 원장 선생과 소주잔을 기울이면서 얻은 결론은 '현대인은 모두 정신병자다. 다만 정도의 차이가 있을 뿐이다'였다.

어머니의 병마 속에 난 둥둥 떠다니는 한 조각의 구름일 뿐이었다. 탈춤의 가면 같은 가상이 역설로 다가온다. 그 가상 속에 어머니의 그림자가 바로 '나'임을 발견한다. 가면을 쓴 가상의 자아, 페르소나를 벗겨내기가 너무 힘이 든다. 프리즘을 통한 어머니의 스펙트럼은 너무 진하여 그 심연을 알 길이 없다. 어머니의 한을 깨닫는 깨달음이 진정한 깨달음일 텐데 그렇지 못하는 나는 진정 누구인가. 어머니의 한맺힌 모습은 화석으로 응고된 시간 속에 아직도 그대로 보이는 듯하다.

못난 자식이 철이 들 무렵, 어머니는 이년 여의 산소호흡기로 묵상하시다가 모든 가식을 떼어놓고 십이월 눈오는 어느 날 레테의 강을 건너 자유의 몸이 되셨다. 달팽이 같은 오체투지의 삶 속에서 판독할 수 없는 고독한 순례 끝에 모든 짐을 내려 놓으셨다. 뭉개진 나이테를 멀리한 채.

어디선가 시나위가 잔잔히 울려오는 듯하다. 굿놀이패, 춤사위꾼들이 저멀리서 나에게 알 수 없는 신호를 보낸다.

"어머니, 굿마당 한 판 벌여 봅시다. 어머니에게 찐득히 붙어 있는 모든 한을 풀풀 날려 버립시다."

"어머니, 웃으니까 좋네요. 예, 그렇게 그렇게 펑펑 웃으십시오. 웃음 해일, 있다마다요."

그런데 이게 웬 일인가. 어머니는 웃고 있는데 나 혼자 왈칵왈칵 울고 있다. 그러고 보니 어머니가 아닌 살아있는 나를 위한 씻김굿이었다. 굿거리 마당은 어머니와 나를 오가는 징검다리 위에서 길게 출렁거린다. 그늘지고 외돌아진 굿판의 몸부림은 새로운 밝음을 향한 몸부림이 되고 있다.

한맺힘을 어르고 풀어내는 춤사위, 삭은 한의 자락엔 흥과 신명, 해방이 먼지처럼 그득하다. 서러움과 기쁨의 리듬이 한데 어울려 앞서거니 뒤서거니 한다. 어느결에 서러움을 밀어내고 기쁨이 몰려드는 틈새에 어머니의 경건한 원형이 우뚝 선다. 어머니의 한이 승화하니 그동안 외로워 서늘했던 그믐달 모습이 따뜻한 보름달의 모습으로 다가온다. 어머니의 끝없는 희생적 파토스는 아름다움으로 변하여 무덤가에 푸른 꽃으로 무성하게 피어오르고 있다.

안으로 여미는 슬픔, 속으로 삼키는 괴로움, 사랑도 스스로 닫아 버리고 달팽이처럼 살았던 어머니의 환한 모습이 나비되어 내 주위를 맴돌고 있다. 한도 승화하면 커다란 아름다움이 되는구나. 어머니는 받는 것은 늘 잊어버리고 주는 것만 생각하는 바보였다. 사랑할 줄 모르면서 사랑만을 남겨 놓은 이상한 사람, 자신을 쉽게 내팽개치는 행복한 사람이었다. 시간을 뛰어넘은 어머니의 모습이 예전과 다른 실루엣으로 다가온다.

어머니의 사랑은 세월이 흘러도 과거가 될 수 없다. 나에게는 축복이신 어머니.

"춘설 속에 매화영 벗꽃이영 열심히 꽃망울을 틔우고 있수다. 천 년의 집 그 곳도 봄 아니우꽈. 잘 계십서."

어멍아 어멍아

무지개 만드는 사람들

아름다운 추억은 향기롭다.

반송동에 있는 변두리 학교에서 몇 년 근무한 적이 있다. 출근길은 석대화훼단지를 지나야 했다. '행복화원', '행운꽃집' 같은 간판을 단 화원을 지나노라면 허공에 뜨는 무지개를 보는 기회가 더러 있었다.

수건을 동여맨 주근깨 여인은 긴 호스를 높이 치켜 들고 공중에 물을 뿌리듯 나무나 화분에 물을 뿌려댔다. 물줄기는 반원을 그리며 기분 좋게 뻗어 나간다. 물줄기 위에 아침 햇살이 얹히자 영롱한 무지개가 떴다. 그 여인은 이리저리 호스를 둘러대며 물장난하는 어린아이처럼 무지개를 그리는 퍼포먼스를 했다.

빨간 장미, 주황색 나리꽃, 보라색 라일락, 해바라기를 타고 오르는 나팔꽃 위로 물방울이 흩어질 때는 그 꽃방울을 닮은 무지개가 크리스탈처럼 반짝거렸다. 그러면 내 마음에는 어느새 사랑의 무지개가 치솟는 듯했다.

사랑하면 뒷니도 매력으로 보인다고 했던가. 하루하루의 출근길을 기쁘게 만들어 주는 주근깨 여인. 그녀의 주근깨가 지금도 내 마음속에 사랑이라는 피사체로 은근히 남아 있다.

여름방학 때의 일이다. 학생과 선생님이 없는 8월의 학교는 적막강산이다. 무료함을 달래려고 단테의 '신곡, 연옥편'의 끝부분에 붙어 있는 포스트잇을 들추어 폈다. 단테의 연인인 베아트리체를 그리며 건성건성 책장을 넘기고 있는데 교장실 문을 누군가가 쿵쿵 두드렸다. 예의 없다 싶었지만 멋을 부린 차림새의 한 학부모가 문지방에 선 채로 한마디 한다.

"교장선생님, 5학년 3반 선생님 2학기 땐 꼭 바꿔 주이소."

"왜 그러십니까?"

"아니, 방학 때 학원 가야 할 바쁜 아이들을 심심하면 불러내서 산으로, 바다로 싸다닌다 아입니꺼."

"아, 그래요. 무슨 연유가 있겠지요. 알아 보고 내일 전화드리겠습니다."

이튿날 광안리 해수욕장엘 갔다. 먼발치서 수영복 차림의 아이들 몇 명과 선생님이 신나게 놀고 있었다. 늙은이가 온 걸 알면 분위기 깨질까 봐 조금 떨어진 곳에서 피구하는 모습을 지켜보았다. 뚱뚱한 체구에 말괄량이인 처녀 선생님은 마구 웃음을 날리며 아이들의 공을 맞고 넘어지길 반복하고 있었다. 아이들의 집중 공격을 받고 있는 선생님이 안타까워 선생님 편이 되어 같이 뛰고 싶은 마음을 겨우 참아내고, 웃다가 놀라기를 반복하다가 돌아왔다.

이튿날 학부모에게 전화했다.

"현수 어머니, 어저께 광안리 해수욕장에서 선생님과 아이들이 마음껏 뛰노는 모습을 보았습니다. 모두가 한 움큼씩 무지개를 만들면서요."

"뭐라꼬예? 무지갠 무신 놈의 무지개……."

"예, 무지개 말입니다. 오늘은 웃고 돌아오는 현수를 꼭 껴안아 주십시오. 교직생활 40여 년만에 너무 멋진 모습을 보았습니다."

"교장선생님예."

"예, 말씀하십시오."

"가재는 게 편이라더니……."

궁시렁대면서 전화를 끊어버린다. 그래도 내 마음은 조금도 불편하지 않았다. 광안리 해수욕장의 무지개가 교장실로 날아들어 오랜만에 교장실의 외로움을 털어내고 있었기 때문이다.

요즈음 무지개 구경한 지도 꽤 오래된 듯하다. 이곳저곳에서 뿜어내는 이산화탄소 과잉이 오존층에 구멍을 내어 지구가 호흡기병에 걸려서 그렇다는 말을 들었다. 그 옛날엔 한바탕 소나기가 지나간 하늘은 무척이나 맑았다. 흩어지는 먹구름

사이로 해님 얼굴이 보이는가 싶더니 쌍무지개가 반원을 그리며 산마루에 걸리고 낮은 하늘에도 내려앉는다. 사람들은 호랑이가 장가간다며 기뻐했다. 어린 시절 강가에 떠 있는 무지개는 끝없는 희망을 안겨 주곤 했다. 무지개가 떠 있는 곳을 파면 금은보화가 나온다는 전설을 생각하며 가슴이 부풀어오르기도 했다. 선녀들이 깊은 산속 물 맑은 계곡에 목욕하러 무지개를 타고 지상으로 내려온다는 전설은 어린 마음을 끝없이 설레게 했다.

몇 년 전 선생님들과 함께 '반송어린이집'에서 봉사한 적이 있다. 다운증후군, 대·소변을 못가리는 평생장애아, 뇌성마비, 정신박약 그리고 생후 일주일 이전에 버려진 아동 등 마흔 일곱 명이 자원봉사자들의 보호를 받고 있었다. 수녀원 50%, 국가 20%, 후원기금 30%로 운영되고 있지만 80% 이상의 실질적인 운영은 자원봉사자들의 노력으로 이루어지고 있다고 했다.

'저 아이들도 나이를 먹겠지. 더 이상 이곳에 머물 수 없을 땐 어디로 가야 하나.' 다혈질을 숨길 수 없어 갑갑한 마음이 온몸을 휘감았다. 불확실한 그들의 미래, 우리들의 사랑과 관심만을 기다리고 있다는 생각은 지금도 지워지지 않는 트라우마로 남아 있다.

매주 토요일 '밥퍼' 자선단체에서는 900여 명의 노인들에게 한 끼 식사를 제공하고 있다. 자원봉사에 참여했던 어느 지인은 큰 충격 속에 '세금은 다 어디로 빠져 나가나. 장기적으로는 국가가 나서야 하지 않느냐'며 흥분한다. 그러면서도 봉사를 해보니, 봉사는 남을 위한 게 아니라 자신을 위해 하는 것임을 느껴 뿌듯했다며 웃는다. '밥퍼' 운동에 참여했던 그의 따뜻한 이야기가 고봉밥이 되어 한참이나 눈에 어렸다. 도움주기와 도움받기를 이음동의어로 승화시키고 서로의 자아실현을 위해 봉사하는 사람들, 그들은 진정한 자유인이다.

우리 주변에는 크고 작은 많은 자원 봉사 단체가 있다. 나눔의 정신 확산에 힘쓰고 있는 '아름다운 가게'의 사람들. 교도소를 출감해도 가정도 직장도 없는 사람들을 돕는 '갱생보호' 단체 회원들. 치매·독거노인을 돕는 '동백회', 그리고 최근에 발족한 '나눔리더스 클럽' 등 수많은 봉사 단체가 있다. 종류도 크기도 내용도 모두 다르다. 무지개는 누구나 만들 수 있다. 작은 봉사가 모여 무지개가 된다. 문제는 마음이요, 실천이다.

무지개를 만드는 사람들의 모습은 일곱 가지, 열 가지, 스무 가지, 무한의 색으로 아름답게 번진다. 바라보지만 말고 조금씩 봉사하다 보면 당신도 무지개가 된다고 손짓하고 있다.

이백 년 전 영국 시인 워즈워스는 '무지개'라는 시에서 어린 시절의 순수한 마음을 평생 간직하며 살아가기를 소망하고 있다. 무지개를 보고 감동하지 않는 사람은 죽은 거나 마찬가지라면서, 어른이 되어도 어린이처럼 자연의 아름다움에 감동할 줄 알아야 한다고 역설했다. '어린이는 어른의 아버지'라는 시 구절에서 그의 순수하고 경건한 마음을 읽어 낼 때마다 내 모습이 부끄럽게 움츠러듦을 느낀다.

그 옛날 무지개 쫓던 아이들을 죄다 모아 지난 세월을 아름답게 합창하고 싶다. 광활한 설원에서 뒤뚱거리는 펭귄의 모습이 귀엽지 않은가. 날개가 있어도 날기를 포기한 펭귄의 동작에서 삶의 지혜를 배우기도 한다.

무지개를 만들지 못했어도 무지개를 그리는 우리들. 떡은 없어도 무지개는 남아 있는 무지개떡처럼, 이제라도 꽃무지개, 별무지개, 달무지개를 하나씩 만들고 싶다. 무지개 박힌 편지지에 어릴 적의 아름다운 사연을 적어 하늘 높이 둥 뜨고도 싶다. 그래서인지 아파트 숲에 전에는 없던 별들이 무지개처럼 수놓고 있는 것이 보인다.

나는 하늘의 별을 여기저기 헤아리고 있다.

승부리의 아이들

경북 봉화군 석포면 승부리承富里는 마음속에 늘 신화처럼 똬리를 틀고 있는 곳이다. 내가 근무하던 1966년도에는 행정구역이 경북 울진군 서면 승부리였다.

탄광지대인 통리 밑자락 바위틈에 가까스로 서 있는 이곳에는 참나무 껍질로 지붕을 이고, 흙으로 벽을 쌓은 오두막집 두 채가 산비탈을 등지고 마주 보고 있다. 내가 근무한 학교는 울진군 서면 소천초등학교 승부분교장分教場이었다.

승부분교장 전교생은 열일곱 명이었다. 이 산, 저 산 구석구석 독가촌獨家村에서 모인 학생들이다. 나는 2, 4, 6학년 여덟 명의 담임이었다. 함석 지붕을 네 개의 나무 기둥이 떠받치고 있는 교실에서 3복식複式 수업을 했다. 6학년 음악 시간에는 2, 4학년 동생들이 수학, 사회 공부를 하다 말고 같이 노래를 부르곤 했다.

교실 밖은 곧바로 산비탈에 가꾸는 옥수수밭 천지였다. 언덕 아래 도랑에서 아이들의 목때를 씻겨 주고 가재, 피라미를 잡다 보면 하루 해가 저물곤 했다. 놀이가 공부요, 공부가 놀이였던 그 시절이 아직도 내 가슴에 오롯이 남아 있다. 미술시간, 시멘트 포대를 도화지 크기로 잘라 낸 누런 종이에 그린 그림에는 낙동강 원류가 새까맣게 흐르고 있다. 이웃이 온통 탄광지대이기 때문이다.

두 달에 한 번 꼴로 남학생들에게 이발을 해 주면서 동산 아래 승부역을 지나는 화물열차 소리에 '기찻길 옆 오막살이' 노래를 흥얼거리기도 했다. 사람들은 산골 오지 중의 오지인 승부역을 하늘도 세 평, 꽃밭도 세 평, 마당도 세 평이라는 말로 나타내었다. 세 평 간이역이 없었다면 영동의 심장이요, 수송의 동맥이란 말도 필요 없었으리라.

학부형은 모두가 화전민火田民이었다. 6학년 학생의 학생기록부에는 전출·입을 뜻하는 빨간 색 글자가 빼곡하다. 불을 질러 만든 옥수수 밭이 몇 년 지나면 땅심이 약해져 다른 땅을 찾아 부모를 따라 학교를 옮겨야 했다.

하루는 6학년 한 학생이 자기 집에 가자고 한다. 왜 그러냐고 물으니 그냥 가자고 한다. 그래 그냥 가자며 따라 나섰다. 세 학생이 앞장서는데 산을 둘러 가지 않고 승부역 철도 쪽으로 가는 게 아닌가. 집이 어디냐고 했더니 저기 터널을 지나 조금 올라가면 된다면서 웃는다. 화물열차가 수시로 지나는 걸 아는 터이라 "얘들아, 죽을라고 환장했냐"고 했더니 "선상님, 걱정마시더" 한다. 한 학생이 레일에 귀를 갖다 댄다. "선상님, 지금 기차가 안 오니더, 터널을 두 번 걸어 지나도 괜찮니더" 한다. 이 아이들은 가끔 이런 식으로 터널을 지나다보니 익숙한 모양이었다.

깎아지른 듯한 절벽 틈새의 기찻길 터널을 지나는데 어찌나 온몸이 저렸던지 그날의 기억은 지금도 칙칙폭폭거리고 있다. 오두막집에 도착해서도 석탄불 증기기관차가 달려드는 것 같아 만덕이 아버지가 내놓는 강냉이술 한 대접을 단숨에 마셔 버렸다. 그날 밤 까막눈인 아버지를 위해 군대간 아들에게 편지 대필을 하면서 주거니받거니 몇 사발을 더 들이켜니 기차소리가 그제야 멈추는 듯했다.

고향이 제주인 나는 방학이 끝나기 이틀 전에는 어김없이 열네 시간짜리 목선을 타야 했다. 파도에 시달리며 부산에 도착하면 곧장 비둘기 열차로 김천을 지나 영주로, 영주에서 영동선을 타고 승부역까지 가는 데 많은 시간이 걸리기 때문이다.

그로부터 사십여 년이 지나 테마여행이라는 이름으로 다시 승부에 갔다. 그런데 이게 무슨 상전벽해인가. 승부는 환상선 눈꽃 열차를 타고 온 사람들로 북적대었다. 학교 앞 오두막집 두 채는 그냥 있는데, 학교는 폐교된 지 오래되었다고 한다.

나와 함께 뛰놀던 제자들 중 나이 많은 학생은 육십이 다 됐겠다. 동행한 아내는 내 마음을 아는지 모르는지 그저 관광객 속의 한 사람이 되고 있다. 타임머신을 탄 나는 나만의 사십여 년 전의 세계로 빠져들었다. 나를 터널로 밀어넣었던 만덕이, 그 늙은 아이가 나를 보고 웃고 있는 듯하다. 보고 싶다. 그 옆에 레일에 귀를 대고 있는 아이들의 등이 구부러져 있다. 문득, 정말로 문득문득 승부역을 지나는 석탄 열차가 나를 닮았다는 생각을 뜬금없이 할 때가 있다.

통일호가 지나가고 무궁화호가 지나간다. 열두 시간만에 한 번 여객 열차가 멎는 간이역에 비둘기호가 구구거리는 것 같다. 승부역에 내리면 달랑 한 명뿐인 역무원과 얘기를 나눈다. 조상 탓, 신세타령하다가 석포장날 같이 가서 빈대떡에 대포 한잔하자면서 눈을 맞추고 나면 학교 가는 길이 그렇게 가벼울 수 없었다.

승부란 곳은 예나 지금이나 속세를 내려놓은 곳이다. 소리도 비워 놓고, 침묵하는 곳이다. 자연의 순백이 온전히 살아 있는 승부는 소멸과 생성, 무無와 유有가 넘나드는 곳이다. 시간은 모든 것을 변하게 만드는 것인가.

불현듯 내 마음 한 켠을 두드리는 소리가 내 안에서 들린다. 학교는 없어졌지만 아이들의 혼은 승부 골짜기 마다 살아 있다고.

극락암에서 만난 마음의 빗장

여름방학이면 가끔 어디론가 훌쩍 떠나고 싶은 도피 증세가 도지곤 한다. 책도 실컷 보고, 담배도 끊을 겸해서 서너 번 절간을 찾은 경험이 있다. 올해도 작년에 갔었던 경남 양산 통도사 극락암을 택했다. 절간일을 맡고 있는 원주스님인 동선東仙 스님이 고향 후배라 친하게 지낼 수 있어 한결 마음이 편하다. 그보다는 통도사가 낳은 대선사이신 경봉鏡峰 큰스님이 30년간 머무셨던 곳이고, 큰스님의 상좌였으며 큰스님의 산 역사요, 현재 극락선원 원장이신 명정明正 스님이 계신 곳이기도 하다.

짧은 8일 동안 먹고 자고 책도 보면서 자연을 벗하는 그런 생활이었다. 뚜렷한 목적도 없이 찾아간 터라 내 자신이 별로 나아질 수도 없었을 것이고, 나아질 기미도 전혀 없는 생활일 수밖에 없었으나 '밋밋함 속의 여유로움'을 찾는 생활이었다고 표현하면 될는지 모르겠다.

산사山寺는 소리로 시작된다. 새벽 3시 목탁소리를 시작으로 아침 6시, 11시, 오후 5시 공양시간을 알리는 소리, 징그런 들고양이 울음소리를 비롯하여 뻐꾸기, 까치, 까마귀, 올빼미, 딱따구리와 온갖 새소리에 장단이라도 맞추듯 대숲 이파리가 부딪치는 소리며 소나뭇가지 흔들리는 소리도. 간혹 듣기 거북한 산짐승 울음소리는 달빛의 고요를 깨트리기도 했다. 이런저런 소리를 듣는 사이 날이 밝으면서 절간 마당이 부스럭거리기 시작한다. 기다란 나무 홈통을 지나 연못으로 흘러 들어가는 도랑물 소리가 잡다한 소리들을 잠재운다.

천년 소나무 숲속에서는 온갖 미물이 살아 있음을 본다. 기는 놈, 나는 놈, 짝짓기하는 놈……. 다툼 아닌 자연이 살아가는 소리이다. 둥치 큰 소나무 그루터기에 앉아 상념에 젖는다. '누군가에 구속됨은, 고독함을 이겨내지 못하는 중생임을 밝히는 일이다. 가슴속에 오래 묻어 둘 벗 있는가. 내 목소리 색깔 알아보고 와락 달겨들 이 있는가. 안다는 것과 깨달음의 차이는 아픔의 존재 여부에 의해 가늠된다. 빈손으로 간다. 그래서 수의에는 주머니가 없다던가. 무슨 까닭인지 몸과 마음이 자유롭지 못함을 느낀다. 진정한 자유는 고통 속에서, 묶임 속에서 얻을 수 있는가 보다.

버리거라, 버리거라, 욕심 하나 버리면 집안이 극락이요, 이 세상이 극락이다. 사기꾼한테 사기를 당한 사람은 사기당한 그 자체만으로라도 사기꾼이 된 셈이다. 일확천금을 벌겠다는 마음을 가졌으면 그 생각 자체가 불량한 생각이요, 불량한 생각을 가졌다면 그게 사기꾼 아닌가. 경봉 큰스님의 말씀이 몸과 마음을 찌른다.

동료들과 심심풀이로 벌이는 고스톱에서 돈을 잃고 나면 괜스레 찜찜하다. 그래서 일주일에 한 번 로또 복권을 산다. 로또 복권에선 찜찜한 마음은 없고 일주일 내내 허황된 꿈속에서 즐겁기까지 하다. 그러고 보니 난 가면을 쓴 영락없는 위선자다.

밤 8시가 되기 시작하니 온 절간이 깜깜 천지다. 해발 800m의 영축산이 온통 새까맣다. 원주스님과 약속한 머묾의 끝날이 어서 왔으면 싶다. 되는 게 없다. 변해 보려고 마음먹은 것 자체가 허세였음인가. 사람들이 미워서, 당분간이나마 혼자 있고 싶어서 왔는데, 며칠간의 절간 생활에 지쳤는지 짜증스럽고, 지겹다. 철들긴 이미 틀린 일이다.

경봉 큰스님은 1982년 세수 아흔 하나, 법납 75년으로 열반하셨다.

경봉 큰스님이 열반하시기 전에 제자 명정을 가만히 불렀다.

"명정아!"

제자를 부르는 경봉스님의 목소리에 힘이 없는 게 심상치가 않았다.

"스님! 어디 편찮으십니까?"

명정은 스님의 손을 잡고 울먹이며 말했다.

"스님 가시면 보고 싶어서 어쩌란 말씀이십니까. 어떤 것이 스님의 참모습이십니까?"

"허허허허, 내 참모습이 보고 싶으면…….

"예, 스님."

"야반 삼경에 대문 빗장을 만져보거라."

절간에 머문지 여드레 되던 날 아침 명정스님께 하직 인사를 하면서 '야반 삼경에 대문 빗장을 만져보거라'는 무슨 뜻인가 물었다.

"큰스님의 이 말씀을 설명하려면 3일은 걸립니다. 오늘 떠나시는가 본데, 건강하십시오."

"예, 스님."

'야반 삼경에 대문 빗장을 만져 보거라.' 영원히 무거운 미망이 될 것만 같은 이 한 마디를 몇 번이고 중얼거렸다.

산사 밖을 나서니 매미 소리가 갑자기 적막을 깨뜨리고 있다. 산사 경내에서는 매미 소리를 듣지 못했다니 이상한 일이라고 생각하면서 극락암자를 향해 합장한다. 노스님이 머물고 간 그 자리에 시공과 언어를 초월한 풍경이 산사의 모든 소리를 합일하면서 청명한 감성으로 다독이고 있다.

내가 밟았던 무명無明의 길이 말을 걸어온다. 그 말 속에 야반 삼경에 만지는 대문 빗장이 있는지 모른다. 때문은 마음속에 침잠해 있는 불이문不二門은 너무나 아득하고 깊어 그 경지를 헤아릴 수 없다. 다만 어느 무명의 길에 있을 빗장을 마음으로 만지며 털레털레 산을 내려오고 있었다. 산사의 목탁소리도 쉼없이 따라오고 있었다.

주름살 감상법

아내의 얼굴에 세월이 휘감아 돈 흔적이 실금처럼 걸려 있다. 60대에 진입한 나이에 주름살은 당연한 현상이겠지만, 구속받기도 싫고 구속하기도 싫은 내 삶의 길에 아내는 거제도 몽돌해수욕장의 몽돌처럼 늘 그 자리에 있을 줄로만 알았다. 세월이 주는 선물에 왜 그리도 무관심했을까. 행동생태학자들의 말을 빌리면 까치나 앵무새, 비둘기도 사람의 얼굴을 식별하고 기억하는 능력을 가졌다는데.

주름살은 흔들림이다. 이 흔들림 속엔 희로애락 그 이상의 무엇이 있다. 얼마 전에 소쇄원 대숲을 거닌 적이 있다. 댓잎 소리가 시냇물 소리와 파랑을 만들면서 공간을 메우고 있었다. 선비들은 그런 소리들을 집안으로 끌어들여 벗을 삼았다. 선비의 가슴속에서 그 소리들은 일체무一切無라는 공명을 싹틔우고 있었으리라. 고독한 아름다움을 흔들림 속에서 찾아내려 했던 것일까. 아름다움을 음미하려는 선비의 청아한 정신을 조금이나마 읽을 수 있었다.

풍경 소리에 마음을 얹으면 아름다운 파랑골이 만들어진다. 흔들림이 풍경처럼 악기가 되어 공명통이 되는 떨림을 만들어 내는지도 모를 일이다. 그 떨림은 주름살이 되고 나이테가 되어 인생의 풍경 소리로 울리는 것이리라. 풍경 소리, 북소리에 빠져들다 보면 어느새 나는 풍경을 매단 처마줄이 되고 북채가 되어 가슴이 서늘하도록 울려댄다.

주름살은 하나의 새로운 출발이다. 새싹, 연초록 모두가 주름살에서 태어난다. 주름살을 딛고 일어서는 봄이기에 아름다운 계절이라고 서둘러 노래한다. 젊음은 그 무엇과도 바꿀 수 없는 아름다움의 극치다. 누군가는 늙음은 무디어진 지성과 둔해진 감수성에 대한 슬픈 위안이라면서 '늙으면 플라톤도 허수아비가 된다.'고 말한다. 플라톤이 어찌 허수아비인가. 그의 높은 지혜가 젊음만 못하다는 점이 어디 있는가. 몇 백 년을 살면서 주름살투성이가 된 마을 앞 팽나무를 보면서 옷깃을 여미는 이유는 어디에 있는가.

거제도 몽돌해수욕장을 거닐다 해금강을 찾는다. 아아, 수십만 리 인고의 세월을 밀어낸 해안의 저 주름진 바위들. 귀여운 몽돌과는 다른 숭고한 아름다움으로 다가온다.

캄보디아 여행길에서 앙코르와트 따프롬 사원을 무너뜨릴

듯했던 수백 년 된 스펑나무들이 무섭게도 아름다운 영상으로 떠오른다. 관광객의 보시로 연명하고 있는 노승의 얘기가 아직도 귀에 쟁쟁거린다. "이 나무들은 뿌리로 불상과 사원을 부수기도 하고, 그 뿌리로 사원과 불상이 무너지지 않도록 버텨주기도 합니다. 그렇게 나무와 부처가 서로 얽혀 9백 년을 견뎠지요. 여기 돌들은 부서지기 쉬운 사암이어서, 이 나무들이 아니었다면 벌써 흙이 되었을지도 모릅니다. 사람살이가 다 그렇듯이 말입니다." 그렇다. 따프롬 사원의 노목들처럼 세월이란 주름을 아름답게 매만지며 살아갈 수밖에.

주름살에서 사랑을 배운다. 주름살은 긴 세월을 이겨낸 인고의 매듭이다. 그렇기에 주름살은 주어진 운명에 늠름하게 대처하면서 살아온 시간의 흔적이다. 주름살을 지우는 일은 아름다운 세월을 지우는 일이요, 바보 같은 짓이다. 자신의 존재 이유를 보전할 일이지, 자신의 역사를 부정할 일이 무언가.

아내의 주름살을 그려보며 허허롭게 웃어본다. 아내의 눈가에 생긴 주름은 하회탈 주름이다. 볼수록 정이 붙는 것 같다. 두 눈을 중심으로 마치 꽃 두 송이가 은은하게 살포시 피어나고 얼굴 전체가 복사꽃처럼 화사하게 피어나는 것 같다. 애써 가꾸고 닦아온 연륜과 알뜰한 삶의 흔적이 웅숭깊이 터지는 것 같다. 숨가쁘게 달려온 역경과 굴곡들 속에서도 어떻게 저리도 온유하고 여유로울 수 있을까. 아내의 주름살에 좀 무엇하지만 경의를 표한다.

주름 생기는 걸 두렵게 생각할 필요는 전혀 없다. 주름은 나를 이웃에게, 이웃을 나에게 인도하는 정다운 길이다. 주름살을 튼튼하게 지켜 내고 차곡차곡 쌓는 것은 내 안을 가다듬고 정갈하게 세월을 다독여 영혼의 지도를 만드는 일이다. 아내 이마의 주름살은 달마대사가 되어 저멀리 휘적휘적 달아난다. 아내의 주름골에서 알 듯 모를 듯 지성과 감성의 조화를 읽어 본다. 아내의 주름살은 고통을 이겨 낸 아름다운 추억이 되어 훈장처럼 빛나지만 내 마음의 부채는 감당할 수 없을 만큼 커져 감을 느낀다.

젊은 여인은 아름답다. 그러나 늙은 여인은 더욱 아름답다고 시인 휘트먼이 말한다. 꽃이 피고 열매가 맺어 과일이 익어가듯이 여인의 아름다움은 끊임없는 미의 축적과정을 거쳐 완성된다는 말이겠다. 아내의 주름진 얼굴을 떠올리면서 잠시 휘트먼을 따라 중얼거려 본다. '늙은 여인은 아름다워, 늙은 여인은 아름다워.'

유목생활을 하는 노마드들은 얼굴이 온통 주름투성이다. 삶을 초월한 어느 성인의 모습을 보는 것 같다. 자신을 찾아 헤매었을 아내의 주름살은 마치 눈덮인 산그늘 아래 피어 있는 맑은 매화 같다. 아내의 주름살에서 은근한 유미주의자, 아니 참다운 예술가의 정신세계를 보는 듯하다.

갈대

오래된 흑백사진, 을숙도 갈대밭 속의 '나'는 바람이 되어 흔들리고 있다. 초겨울 을숙도 강가에서 철새 떼의 군무와 갈대의 하얀 춤사위를 본다. 바람이 불 때마다 강의 언어를 불러내어 갈대의 언어에 서걱서걱 짜 맞추는 소리가 들린다. 귀를 기울였더니 ㅅ 음소 같은 것, ㄹ 음소 같은 연속음이 귀를 간지럽힌다.

갈대는 바람의 화신이다. 갈대는 바람의 혼을 먹고 자란다. 갈대에는 바람의 의지가 담겨 있다. 바람의 꿈이 잠겨 있다. 바람의 영혼이 깃들어 있다. 그리움이 밀려들면 허공에 시를 끼적이고, 그림을 그린다. 노래를 읊조리고 몸을 흔들어 춤을 춘다. 인간의 언어로는 풀 수 없는 갈대의 몸짓은 유리구슬처럼 파란 하늘에 또그르르 구르고 있는 듯하다. 적막한 품 가득 바람을 안고, 새들의 노래와 풀벌레들이 깃드는 소리를 즐기고 있다.

저 멀리 낚시꾼들이 동동 띄운 초록 불빛의 찌가 강물에 출렁거리고, 에덴공원 쪽에서 구슬픈 색소폰 소리가 하얀 갈대꽃 속으로 흔들리며 빨려 들어간다. 인간은 생각하는 갈대라는 파스칼의 말이 귓가에 서걱거린다. 여자의 마음은 바람에 날리는 갈대라고 노래하는 베르디의 오페라 리골레토에 등장하는 아리아가 갈대바람을 타고 갈대를 헤치며 울려나오는 듯하다.

고요한 흔들림, 세상에 흔들리지 않는 게 있을까. 흔들리는 갈대를 보면서 지구도, 우주도 흔들림이며, 사람도 자연도 흔들림 속에서 흔들리는 존재라는 철학적 명제를 새삼 깨닫는다. 하늘과 땅, 해와 달, 괭이와 호미하면서 숫컷, 암컷으로 분류하는 원시적인 비유에 치우치는 패미니즘적 생각이나, 진보 · 보수, 좌 · 우 등 이분법적 편견은 부질없는 일이라고 갈대가 타이른다. 맑고 고요한 심미적 울림은 언어 이전의 감응인 물아일체요, 생명의 소리이고 인간의 존재 이유라고 흔들림의 미학을 넌지시 일러준다. 갈대의 부드러운 흔들림은 자기발견, 자기긍정의 몸부림임을 보여준다. 장자의 심원한 철학, 혼돈이 여기 있지 않겠는가.

갈대꽃에 바짝 다가서서 사진기를 들이미는 사람이 보인다. 때로는 앉았다가, 때로는 엎드려 가며 찍고 있다. 미미한 갈꽃에 눈높이를 맞추며 놀라운 세상을 읽어내려는 모습이 경건하기까지 하다. 저 눈물겹고 치열한 미의 발견은 연말이면 보내오는 탁상용 캘린더에 춤추고 있는 갈꽃의 모습으로 환생할 것이다. 갑자기 혈관 속 피돌기가 따뜻해지는 황홀한 느낌에 찬다.

갈대의 모습에서 때로는 가난한 사람들의 마음을 읽는다. 웃는 듯 찡그리고, 찡그린 듯 웃는 갈대는 넘어질 듯 애태우다 부드럽게 일어선다. 갈꽃 프리즘을 통한 하늘빛은 양극화에 시달리는 외로운 서민들의 생명이고자 하얀 날갯짓이 되어 펄렁이고 있다. 한 걸음 한 걸음 살아가기 위한 인고의 기다림은 바람이 되고, 향기 그윽한 사람꽃으로 피어나라고 바람이 오가는 노을 속에서 기도하는 모습으로 서 있다. 그리움의 꽃, 갈꽃은 부는 바람에 스러지고 바람의 끝자락에 일어서는 순리 속에서 세상의 온갖 번뇌를 털어내는 하얗게 소복을 한 여인의 환상이 떠오른다. 산다는 것이 속으로 조용히 우는 것임을 모른 채 머릿술을 풀어 헤치고 강물 속에서 은근하게 흔들리고 있다.

갈대가 온 생애를 바쳐 사랑하는 그는 대저 누구일까. 달새가 달만 생각하듯, 비새가 비만 기다리듯 갈대가 사랑하는 그는 갈바람일 거란 생각을 한다. 바람과 더불어 아름다운 춤사위를 벌이는 예술이 되고 생명이 되는 미학일 것이다.

바람에 흔들리는 갈꽃의 하얀 춤사위가 3D 화면처럼 눈앞에 클로즈업 된다. 그것은 살아 숨쉬는 예술이다. 나약해 보이면서도 강풍과 같은 세상을 포용하는 부드러운 갈대의 흔들림 속에 어느덧 내가 흔들리고 있음을 본다. 갈대의 흔들림과 함께 내 몸과 마음에 몇 겹씩 재워진 헛헛한 가식들을 훨훨 날려 보내고 싶다. 바람을 거스르며 무뚝뚝한 갈대가 된 나는 부드러운 사람이 될 수 없음을 안다. 나에게 나를 일깨워주는 갈대가 허락한다면 나는 생각하는 갈대이고 싶다. 안개비에 촉촉이 젖은 갈꽃이 더 없이 싱그럽게 보인다.

갈대여, 나는 그대 앞에 허리를 굽혀 바람에 적응할 줄 아는 삶을 배우고자 한다.

연리지

바위를 깊이 껴안고 까치발로 절벽에 서 있는 소나무는 바위와의 연리지 같은 정서를 보여준다. 틈새의 적막함을 밀어내고 인드라망의 바위나무, 나무바위가 되고 있다.

절벽 속에 길이 있고 그 길에 나무가 산다. 나무 속에 길이 있고 절벽이 있다. 절벽에 숨어 있는 흙이 온 몸으로 나무뿌리와 내통한다. 바람과 태양을 끌어들여 안으로 조근조근 작은 나이테를 키운다. 하늘 끝자락을 붙들고 세월에 길든 분재목 같은 소나무가 된다. 솔가지 끝에 찔린 바람이 시원한 듯 몸을 부리고 있는 듯하다.

소나무 절벽 건너 편 절벽 벼랑길에 산양들이 숨바꼭질하듯 나타났다가 사라진다. 절벽에서 수천 년 동안 곧게 곧게 길들었을 폭포수가 저 아래에 푸르다 못해 검은 빛을 띠운 소용

돌이를 만들고 있다. 높이와 깊이를 껴안은 절벽은 꿈과 겸손의 알레고리로 다가온다. 흰 구름이 이끼 낀 바위들을 휘돌아 돌 때마다 절벽 속에서 옛이야기가 웅얼거리듯 나올 것만 같다.

제임스 딘이 출연한 '이유 없는 반항'이란 영화가 생각난다. 자동차를 몰고달리다 절벽 끝에 다다를 순간 먼저 탈출하는 사람이 진다는 치킨게임 같은 내용이다. 그것은 극단적으로 치닫는 우리의 정치 싸움판을 보는 것 같아 우울하다. 인위적 억압을 거부한 절벽 위 소나무가 절벽에 대한 일그러진 인식을 걷어내라고 타이른다. 절벽은 무지개가 발원하는 절망 너머의 희망의 터요, 자유정신이 움트는 곳이라고 말하는 듯하다.

경주 남산에는 천혜의 절벽 공간에 마애불들이 우뚝 서 있다. 절벽에 부처를 세웠던 무명의 석공들은 자신이 부처가 돼야 함을 알고 오래도록 절망했을 것이다. 시간이 흐르면서, 깨달음의 미소를 새겨 넣으면서 속세의 때가 묻지 않은 절벽을 신성 공간으로 생각하고 깊은 명상에 잠겼을 것이다. 절망의 끝에 선 사람들에게 자비의 미소를 건네려고 땀을 흘렸을 것이다. 정과 망치로 수만 번 두드리고 새김질을 하면서 만든 마애불. 무상무념 속에 마애불이 된 석공이 절벽의 문을 열고 성큼성큼 걸어 나올 것만 같다. 길 없는 절벽에 깨달음의 길이 열려 있다. 절벽의 마애불은 속인의 가슴 속에 부처의 자비를 한

움큼씩 안겨 주고 있다.

암벽 등반을 하는 사람들을 가끔 본다. 절벽과 하나 되는 저 사람들. 시간을 잊고 세속을 떠나 있는 저들은 자유롭게 영혼을 풀어내면서 자신을 자연과 융합시키고 있다. 물아일체가 따로 없으리라. 수백 미터 절벽에 매달려 있으면 교만해질 수도, 누구를 저주할 수도 없으리라. 몰입을 통해 시·공간을 버리고, 자신의 존재조차 잊어버리는 절벽이 된 사람들이 절벽에 뿌리를 내리고 있음을 본다.

절벽 위 소나무가 경전이 되어 아름답게 다가온다. 긴 세월을 버텨온 옹이와 새까만 껍질로 뒤덮인 저 작은 소나무가 말을 걸어온다. 절벽 위의 수많은 시간은 자유의 몸짓이 된다고. 나를 비우니 절망이 절망적이지 않았으며, 무거웠으되 무겁지 않았다고 이른다. 비우는 것이 함께 하는 것이라며 소나무는 나와 분리할 수 없는 내가 되고 있다.

나를 비운다는 것은 나를 끌고 다녔던 무서운 습관들을 한 꺼풀 씩 벗겨 내면서 새로운 세계를 만드는 과정이라는 생각이 든다. 비우고 감사하고 용서하는 아름다운 마무리는 지난 과정을 돌아보고 다시 시작하는 일임을 배운다.

알고 보면 내가 살고 있는 아파트도 절벽이라는 존재다. 절벽 위 소나무 잔영을 거실에 마음으로 옮겨 놓는다. 어느새 나는 별똥별이 되어 소나무 등줄기에 떨어진다. 달빛이 솔방울에 머문다. 한 줄기 바람이 솔가지에 묻은 하얀 눈을 털어내는 환상에 잠긴다.

나는 아파트에 몸을 붙인 연리지다.

2부

툇마루
옹알이꽃
베지근하다
이어도 사나
바다 노을
창窓 내고자
들국화
내 안의 사람들
바람이 된 낙서
투명인간

툇마루

낡은 이엉을 둘러쓴 토담 아래 모이를 쪼고 있는 닭들이 서성거린다. 아이를 업은 소녀는 댓돌에 서서 감자 깎는 어머니를 보고 있다. 바짓가랑이를 걷어올린 아버지가 툇마루 기둥에 비스듬히 기대고 긴 곰방대를 물고 있다. 암탉이 모이를 쪼며 병아리들을 불러 모은다. 이서지 화백의 풍속화 「감자깎기」의 풍경이다.

초등학교 시절, 문간방에 세들어 살던 나는 주인집 툇마루가 너무 부러웠다. 어쩌다 친구와 함께 툇마루에서 숙제를 하거나, 이야기를 하노라면 큰 벼슬자리라도 차지한 듯 마음이 흐뭇하기도 하였다.

미술시간에 그리는 그림은 천편일률적이었다. 댓돌 위의 고무신, 툇마루 서까래에 매달린 옥수수를 비롯하여 초가지붕 위의 박과 그 너머 하늘엔 달도 그리고, 방아 찧는 토끼도 빼놓지 않고 가득 채웠다. 그 옆엔 계수나무가 아닌 소나무를 뿌리채 세워 놓기도 했다. 담벼락 밑에서 졸고 있는 강아지, 싸리문 울타리를 타고 오르는 호박, 강낭콩, 마당을 휘젓고 다니는 닭들도 그렸다. 보이지도 않는 장독대도 그리고, 그 옆엔 채송화와 나팔꽃도 드문드문 심어 놓았다. 고추를 말리고 있는 멍석을 좁은 마당에 가득 그려 넣었다. 내 그림을 보는 선생님은 언짢은 표정으로 "어째 네 그림은 맨날 복잡하기만 하냐. 생각할 줄은 영 몰라." 하며 얼굴을 찡그리곤 했다. 그때마다 뭘 생각하라는 것인지 갑갑하기만 했다. 그래서인지 내 그림은 성장을 멈춰 버렸고, 여태껏 그림을 볼 줄 모르는 미치美痴가 된 듯하다.

어릴 적의 초가집은 나에게 한 폭의 아련한 그림이다. 가을에 처음 이엉을 입혔을 때에는 싱싱한 노란색이었지만 햇빛과 빗물의 고통으로 짚이 삭으면서 점점 회색으로 변한다. 지붕 위에서 박이 여물고, 수세미가 통통하게 익어가는 모습은 초가집 풍경의 백미다. 지붕이 진한 회색으로 변하면 새로 이엉을 엮어 올렸다. 지붕을 인 날은 액땜용의 팥죽을 쑤어 동네 어른들이 툇마루에서 나누어 먹기도 했다.

툇마루는 우리 선조들의 열린 공간으로 이웃과 함께 하는 쉼터였다. 아침이면 툇마루에 나와 날씨를 가늠했고, 낮에는 일을 하다 돌아온 어른들이 오수를 즐기는 곳이기도 했다. 저녁이면 별을 보며 가족들과 대화를 나누는 소통의 공간이었다. 가끔 방물장수가 오면 냉수 한 그릇을 권하기도 하는 너그러운 장소이기도 했다. 또한 나와 너, 우리를 연결시켜 주고 집 안과 밖으로 이어지는 수평적 거리감과 하늘과 땅의 수직적인 거리감을 지우는 열린 공간이기도 했다. 무엇보다 툇마루는 우리의 삶과 문화를 숙성시키는 생명력의 원천이다. 어머니의 어머니, 어머니의 손때가 찌든 곳, 툇마루는 안도 아니요, 바깥도 아닌 빈 중심이라고나 할까. 느림과 여백의 툇마루를 떠올리다 보면 제주도 대정마을에서 귀양살이했던 추사의 오래된 툇마루가 생각난다. 그곳에서 그는 '세한도'처럼 삶의 고통, 세상의 경계를 예술혼으로 달랬을 성싶다.

툇마루에는 정겨운 삶이 온축되어 있다. 은밀한 사적 생활공간과 바깥세상과의 중간 나들목 구실도 한다. 내면세계와 외면세상, 가족의 친밀한 공간과 세상의 거친 삶도 바람을 따라 드나드는 곳이다. 세상 밖으로 나갈 땐 자신의 모습을 가다듬고, 집안으로 들어설 땐 세속의 먼지를 털어내는 완충지대이기도 하다.

맑고 고운 플루트 소리를 좋아하는 친구가 대금소리를 듣고는 오묘한 자연의 소리에 감탄했다는 얘기를 들은 적이 있다. 툇마루에서 대금을 부는 멋, 자연이 몽땅 툇마루로 모여들 것 같다. 이런 은근한 자연의 소리는 툇마루에서 나온다. 예술은 자연의 모방이라는 아리스토텔레스의 말을 툇마루가 대변하는 것 같다. 그러고 보니 툇마루는 자연을 보듬은 예술품이란 생각이 든다.

햇살 가득한 툇마루에서 서성이다 보면 매서운 추위도 사라진다. 찬물 한 사발로 고요함을 익히고 있노라면 더위도 저만치 물러난다. 서두름이 없는 비움의 공간인 툇마루는 삶의 잣대요, 세상의 표준이 아니겠는가.

한때 번졌던 새마을운동으로 초가집이 사라지고, 슬레이트 집이 모여 들더니 이제는 시멘트 집, 아파트가 주거 공간이 돼 버렸다. 컴컴한 현관문을 열고 거실을 지나면 좁다란 베란다가 통유리에 갇혀 있다. 억지로 목을 빼들면 기계 소리에 찌든 자동차들이 길게 늘어 서 있다. 영혼이 없는 기계소리를 어찌 사람 냄새 나는 툇마루와 비교할 수 있으랴. ≪혼자 잘 살믄 무슨 재민겨≫를 쓴 어느 농부의 수줍은 이야기가 자연의 혜택을 모르는 현대인들에게 죽비가 되고 있다. 자연이 없으면 살 수 없는 인간이 제 힘으로 살고 있다고 착각하고 있다니. 틈을 보아 툇마루를 찾아 자연을 섬기는 시간을 가져야겠다.

삽작문을 밀면 마당과 툇마루가 한눈에 달려드는 곳을 마음속으로나마 오래오래 간직하고 싶다. 옥수수가 매달려 있는 곳, 햇빛과 바람이 자유롭게 드나드는 곳, 천지만물의 성스러움이 모여드는 곳이 툇마루다. 툇마루는 생각만 해도 자연의 결이 오관으로 싱싱하게 스며드는 듯하다.

모처럼 젖은 향수의 중심에 떠오르는 툇마루, 추억은 허물을 벗은 나비가 되어 날아오르는 기분이다.

옹알이꽃

화살이나 다름없는 아내의 말을 피하는 일은 나의 강한 반론이 아님을 조금씩 깨우치고 있는 요즈음이다. 화살 같은 말 속에는 어떤 이유가 있을 것이다. 그래 알겠다. 먼저 아상我相을 내려놓아야겠는데 작은 용기가 필요하다. 낡은 사유의 벽을 깨고, 새로움을 여는 깨달음을 익혀야겠다. 깨우쳐서 도달하는 즐거움, 문제는 어떻게 도달하느냐이다.

아침부터 드라마에 취해 있는 아내더러 “맨날 질질 짜는 게 재밌나?”라고 한마디 하면, 단박에 “넘이사.”라고 받아친다. 따지고 보면 명답이다. 그래 우린 남이었지. “우리가 넘이가.”라는 짧은 말, 아내의 티브이 시청을 잠깐이나마 방해한 내가 잘못이다.

바닷가 모래밭에서 소주잔을 기울이며 들려주던 친구의 이야기가 안개띠가 되어 나를 휘감는다. 그것은 예사로운 충고가 아니었다. 아내에게 사랑한다는 말을 자주 하느냐고 느닷없이 그는 물었다. 해 본 기억이 없다고 했더니, 오늘 술값은 내가 낼 테니 집에 가자마자 사랑한다고 얘길 하란다. 꼭 말로 해야 하나. 뜬금없이 사랑한다면 어떤 '넘이사'가 쏟아질지 자못 궁금하다. 얼씨구 하는 표정으로 눈을 흘기지나 않을까. 친구의 말이 좀 간지러운 나는 다소 어정쩡해진다.

아내의 말言은 때로 화살처럼 날아온다. 순간, 내 말은 아내의 말 속으로 녹아들어 흔적도 없이 사라져 버린다. 말더듬이처럼 느리기만 하던 아내의 말은 언제부터인지 내 귀에 화살이 되어 팍 꽂히는 속도로 돌변했다. 화살의 속도를 따라가고자 하지만 허를 찌르는 듯 퍼붓는 아내의 저항에 차라리 입을 닫는다. 침묵이 명약이다.

줄기차게 쏟아내는 아내의 말에 청각이 하얗게 빌 때가 있다. 그때마다 엉뚱한 추임새를 속으로 되새기며 마음을 추스른다.

여자는 잔소리하기 위해 태어났다던가. 여자가 결혼한다는 건 남편에게 잔소리하기 위해서라는 말도 바람에 들린다. 아내의 말꼬리잡기 수다는 자가 치료제이며, 혹 생존 수단일지도 모른다. 여자의 뇌구조를 하나하나 뜯어보면 한꺼번에 다짜고짜로 많은 말을 터뜨리는 속사포 같은 시스템을 가지고 있을 것만 같다. 소크라테스는 아내의 잔소리 때문에 철학자가 되었다지. 나도 미구에 철학자 꼬리표라도 다는 건가. 그렇구나, '사랑해, 고마워, 미안해'라는 세 마디가 가슴을 차지하고 마음의 벽에 음각화처럼 새겨져 있다. 입으로 발설하지 못하는 미련한 가슴덩어리가 나를 옥죄고 있을 뿐이다.

어쩌다 주례를 서게 되면 빼먹지 않고 하는 얘기가 있다. '부부는 2인 3각 경기와 같다'는 말이다. 초등학교 시절, 2인 3각 경기가 긴 울림으로 남아있기 때문이다. 속도를 맞추지 않고선 한 발짝도 내딛을 수 없음을 알아라. 속도를 맞춰야 걸을 수 있고, 대화할 수 있고, 살아갈 수 있음을. 사랑의 속도는 더욱 치밀하다고 얘기한다. 시선도 맞추고, 생각도 맞추고, 교향곡처럼 화이부동해야 한다고. 리듬을 놓치거나, 타이밍을 놓치면 응답이 변질된다고. 내 얘기를 들은 젊은이들이 몇 년 뒤 "2인 3각 경기, 정말 어렵네요. 선생님, 정말 존경스럽습니다."라고 말을 건넨다면, "아니야, 아니야." 지체없이 무릎을 꿇고 말 것이다. 철없이 달리던 젊은 시절에는 세상도, 아내도 나와 함께 달리는 줄로 생각했다. 변속할 줄 몰랐던 나의 속도는 내 것이 아니었음을, 인생의 가을이 되어서야 비로소 느끼고 있다.

사위가 고요한 새벽, 아내의 옹알이를 들으며 홀로 깨어 있어도 외롭지가 않다. 옹알이 하며 자고 있는 아내는 언어를 뛰어 넘어 아내만의 창조적인 언어 속에 갇혀 있지 않는가. 옹알이를 들어보면 제 몸뚱이를 파먹은 두 아이, 영혼을 빼먹은 한 남자의 소우주가 잠겨 있음을 어렴풋이 깨닫는다.

옹알이를 하는 아내를 다시 보면 기미, 주근깨, 주름이 다 어디로 다 사라지고 없다. 손을 휘저으며 옹알이꽃을 피우는 아내가 꽃 속에서 나를 찾는다. 그래 알았다. 세상에서 가장 아름다운 꽃이여, 항상 그대 곁에 있어주마, 여성보다 더 아름다운 모성애를 지금 보고 있노라고 아내의 고운 손바닥에 음각하듯 쓴다.

날이 밝으면 친구에게 문자를 보내야겠다. 사랑한다는 말은 굳이 하지 않아도 사랑 이상의 사랑을 깨달았노라고 또박또박 알려야겠다. 아내의 얼굴에 옹알이꽃이 다시 핀다. 옹알옹알 피는 편안한 아름다움을 보는 내 얼굴에도 옹알이꽃이 피고 있는지 모를 일이다.

베지근하다

오랜만에 내 고향 제주섬을 찾았다. 간다 간다하면서도 선뜻 나설 수 없는 곳, 가든 안 가든 그리운 마음이 아쉬운 곳이 되는 고향. 고향은 숙명과도 같아서 누구에게든 지울 수 없는 흔적으로 남아 있다. 고향을 그리는 것만으로도 행복하다. 삶의 원천인 그리움과 설렘을 가슴 속에 담을 수 있기 때문이다.

제주섬에 가는 날, 하얗게 지샌 여명을 뒤로 하고 나는 한 마리 작은 새가 되어 콩닥거리며 하늘을 날고 있었다.

김해공항에서 제주 사투리가 조금씩 들리더니 바다를 건너는 동안 한껏 숙성되었는가, 제주공항에서는 왈왈거리는 제주 사투리가 베지근한* 말이 되고 잃어버린 시간이 한꺼번에 달

* '베지근한 말'은 제주 방언으로 어떤 말이 귀에 쏙 들어온다는 뜻이다. '베지근하다'는 청각만이 아니라 후각이나 시각 등을 자극하는 향기

려들어 한동안 나를 말의 끈으로 꽁꽁 묶는다.

내 고향 제주섬은 안타깝게도 이국의 도시가 되어 나를 붙들고 많은 이야기를 풀어내고 있었다. 친구들과 만남 속에 사투리의 성찬이 벌어진다. '한라산' 소주가 한참 발효할 즈음, 누군가가 스마트폰으로 동영상을 녹화하고 보여준다. 걸쭉한 사투리가 오가는 가운데 두렁청한* 내 모습이 비죽거린다. 그 옛날 서울 갔다 온 친구가 '그랬니, 안 그랬니' 기다란 토를 달면 느끼하다면서 가차없이 면박을 주던 내가 아니던가. 40여 년 굴러먹은 경상도 억양이 제주말에 섞이니 재미있다고 웃는 친구들의 모습은 나보다 한 수 위다. 머쓱해진 내가 "아요, 한 잔 도라.**"한다. "무신거옝 고람시니.***" 이제는 친구들이 두렁청한 모습이다.

제주 사투리를 입에 발리고 있으려니 복잡함에서 벗어나 자유로워지고, 진실에 가까이 다가갈 수 있으며, 살아있는 진짜 나를 느낄 수 있었다. 친구들의 술잔 속에서 가끔은 한숨을 쉬면서, 때로는 기뻐 눈물 흘리면서 끝내는 사투리에 걸려 넘어지고, 오돌또기 민요가 나오는가 했더니, 유행가가 흘러나오고 누가 먼저랄 것도 없이 한데 어울려 막춤을 추었다. 춤이 끝나는 끝자락, 내 인생이 고향 제주에서 다시 시작되고 있음

나는 말이기도 하다.

* '두렁청하다'는 어쩔 줄 몰라 난감한 표정을 나타내는 그림씨이다.

** '아요, 한 잔 도라'는 '어이, 한 잔 줘.'라는 경상도 사투리

*** '무신거옝 고람시니'는 '무슨 얘기 하는 거야'라는 제주 사투리

을 알 수 있었다. 제주 사투리는 끝없이 나를 이리저리 끌고 다니고 있었다.

경기침체가 장기화되면서 사람들은 여유를 잃었다. 그래서 인지 팍팍한 삶을 파고드는 콘셉트는 단연 힐링, 힐링을 입에 담는다. 출판물, 여행, 캠프, 식품, 심지어는 아파트까지 힐링 바람이 거세게 불고 있다.

'저녁이 있는 삶'이라는 정치적 캐치프레이즈가 인기를 끌더니, '멈추면, 보이는 것들', '아프니까 청춘이다' 등의 출판물이 대박을 터트린다. 여행도 보고 즐기는 테마만이 아니다. 걷기여행, 온천여행, 마음치유여행 등 힐링이 주요 테마가 되어 날개 돋친 듯 팔려 나간다.

이제는 힐링콘서트, 힐링댄스, 힐링포토, 힐링다이어트 등 레저 분야에도 힐링이 키워드로 자리 잡고 있다. 사회 곳곳이 힐링 바람이다. 한국인 특유의 경쟁적 조급증을 생각하면 힐링을 킬링해야 하는 일이 벌어지지나 않을까 은근히 염려되기도 한다.

사람들아, 고향을 찾아가서 사투리를 목청껏 질러 보라. 힐링은 저절로 찾아올 것이다. 사투리는 기필코 힐러로서의 독특한 효소가 됨을 알 수 있을 것이다. 맑고 밝은 에너지가 세포 하나하나에 스며드는데 어느 누가 눈을 감지 않을 수 있을 것인가. 이번 여행에서 나는 사투리가 가장 약발 받는 힐링의 길임을 고향 제주를 통해 새삼 깨달을 수 있었다.

'빨리 오세요'라는 말을 생각해 보자. '빨리 오세요'라는 밋밋한 서울말이 남녘 바람을 타면 '싸게 오시요~잉', '퍼뜩 오시이소'라는 살가운 말로 물타기를 한다. 제주 공항에 우뚝 서 있는 돌하르방이 '혼저 옵서예*' 하며 빙색이** 웃는 모습이 내 가슴에 베지근하게 저며든다. 어려서부터 친숙하고, 심층에 남아 있는 제주 사투리를 우물거리며 나는 그만 겸손해질 수밖에 없었다. 베지근한 말, 제주 사투리를 품고 살아 왔기에 이미 70여 년 전부터 힐링캠프에 동참하고 있었던 셈이다. 그래서인가, 고향에서 이방인이 되는 내가 그렇게 싫지만은 않았다. 베지근한 시간이 오래오래 절여지고 있는 동안, 사투리 속에 묻힌 나의 삶이 신비로워지면서 귀한 깨달음으로 승화되고 있었다.

설문대 할망이 만들어 냈다는 전설의 섬 제주, 유채꽃밭 따라 올망졸망한 올레길이 사투리가 되어 줄레줄레 나를 따라다니고 있는 듯하다. 나의 영원한 종교나 다름없는 제주 사투리. 제주여, 사투리여 그대 영원히 건강할진저. 제주 사투리가 나를 붙들고 말을 건다.

'날 찾아주엉 촘말로 고마왕 지뻐점서.'***

---

* '혼저 옵서예'는 '빨리 오세요', '어서 오세요'라는 제주 사투리
** '빙색이 웃다'는 소리 없이 웃는 아름다운 미소를 뜻한다.
*** 나를 찾아주어서 정말 고맙고 기뻐.

이어도 사나

무덤가에 술을 따르던 동생이 말을 건넨다.

"형님, 돈이 좀 들지만 내년 봄에는 떼를 입힙시다."

"그래, 알았다."

세찬 겨울바람이 어머니 무덤을 할퀴고 지나간다.

'이어도 사나 느네 아방*, 이어도 사나 느네 아방' 중얼거리다가, 캉캉대다가, 끝내는 자지러지는 '이어도 사나' 에는 세상의 모든 한이 맺혀 있다. 그 노래는 끓는 설움을 털어냈던 어머니의 유일한 한풀이었다. 정신병원 철창 안에 목숨이 묶인 어머니는 가끔 분노의 화신처럼 보였다.

"이어도 할머니의 한이 너무 깊군요."

"그러게 말입니다."

풀기 어려운 혼란스러움을 지우고자, 원장과의 술잔은 밤새

도록 이어졌었다.

일본 여자와 두 딸을 데리고 살았던 아버지는 젊어서 돌아가셨다. '이어도 사나'를 부르던 어머니의 질긴 목소리 속에는 아버지의 영상이 찍혀 있었다. 아버지가 살아계셨을 때의 이어도는 임과의 이별이 없는 이상향이 아닌 엉뚱하게도 일본 섬이라는 착각이었을 것이다. 병원을 오가며 불렀던 이어도는 어머니가 닿고자 하는 애타는 디스토피아였다.

세월이 흘러 아버지의 유골이 어머니 무덤 가까이에 터를 잡았다. 일본 어머니와 두 딸의 이름을 매단 비석과 함께 하긴 했지만. 어머니의 한이 떼를 밀어내어 검붉은 흙으로 분출하고 있다. 무덤 앞에 엎드려 어머니가 살아온 아픈 세월을 속울음으로 운다. 어머니의 젊은 날이 야속해서 울었고, 한평생이 불쌍해서 큰절 올린다. 살아서 살지 못하고 죽어서야 거기 간다는 이어도가 내 가슴 한 켠을 붙들고 아스라이 명멸한다.

어머니가 애타게 불렀던 '이어도 사나' 사부곡이 싸늘한 겨울바람을 휘몰며 내 입술에 매달린다. '이어도 사나, 여기가 이어돕니다' 나는 마음속으로 어머니의 영전에 크게 고한다.

'어머니, 여기가 이어도, 맞습니다. 아버지가 옆에 계시잖아요.'

질화로의 잿불처럼 없으면서 있는 듯, 따뜻한 이어도가 어머니 무덤 주위를 맴돌고 있었다.

* '느네 아방'은 '네 아버지'라는 제주도 방언.

바다노을

쪽빛이 끝나는 수평선에 대마도가 길게 걸려 있다. 볼모로 잡혀간 덕혜옹주의 한맺힌 절규가 수평선을 타고 선회하는 바닷새의 날갯짓이 되어 하늘 속으로 사라진다. 그래서인가, 대마도가 또렷이 보이는 이튿날에는 반드시 비가 오거나 날씨가 궂다는 주민들의 얘기가 슬프게 들린다.

광복이 되면서 어머니는 어린 나를 데리고 오사카에서 기요마루君代丸를 타고 고향인 제주섬을 찾았다. 해방이 아버지와 이별의 서곡이 될 줄은 미처 생각하지 못했다. 척박한 제주 땅은 어머니가 버텨내기엔 힘에 부쳤다. 어머니는 아버지를 만나러 일본으로 가야 한다는 마음의 끈을 꼬기 시작했다. 누군가를 만나려면 바다를 건너야 한다는 절박함을 일러 준 것은 고통스런 세월이었다.

어머니는 영도에서 고기잡이배로 위장한 밀항선을 타고 일본섬에 잠입했으나 오무라大村수용소에 갇히는 신세가 되고 말았다. 초등학교 오학년인 나에게 어머니의 부재는 가혹한 세월일 수밖에 없었다. 신문배달, 땔감 나무인 삭정이를 찾아 산속을 헤매는 어려움 속에서도 어쩌면 어머니를 만날지도 모른다는 생각에 붙들려 제주부두에서 연락선을 보는 게 일상이 되어버렸다. 우체통같이 생긴 등대에 편지를 띄우고, 편지를 읽으면서 환히 웃는 어머니의 모습을 보며 쫓아가고 멀어지는 일이 반복되는 꿈을 꾸기도 했다.

와삭 가슴을 깨무는 수평선이 까맣게 저물어 사라질 때까지, 온몸이 파랗게 물들어 수평선이 될 때까지, 나는 어머니를 기다리는 바다였다. 하루에 한 번 오가는 연락선을 타기만 하면 신천지가 열릴 것이라는 어릴 적 꿈이 여태 남아 있어 부산에 붙박여 살고 있는 처지가 됐는지도 모를 일이다.

내 서가 진열장엔 열대의 깊은 바다에서 건져 올렸다는 오래된 산호초와 조가비 몇 개가 있다. 긴 항해 끝에 돌아온 친구가 건네준 추억의 선물이다. 지금은 수평선 너머 어딘가에 소금이 되어 버린 그를 생각할 때마다 서재 가득 바다가 들어앉아 있는 기분이다. 흰 칼라의 세일러복을 입고 장미파이프를 문 친구의 모습을 떠올릴 때면 엉겁결에 바다를 향해 망원경을 눈에 대는 환상에 잠기기도 한다.

배를 타고 고래를 보러 나서거나 고향을 찾을 때마다 내가 섬사람임이 자랑스럽다. 사람과 사람 사이에서 끊임없이 출렁거리는 바다. 그 바다에 갇혀, 섬에 살았음이 삶에 활력을 불어넣기까지 한다. 하늘과 맞닿은 수평선을 바라보면서 평등이라는 진리를 배웠고, 제 몸에 소금을 뿌리고 바위에 부딪쳐야 뜨거운 해를 낳을 수 있다는 명제를 발견하게 해 준 것도 것도 섬이었다. 뭍에서 살고 있는 지금도 섬에 살고 있기는 매한가지다. 시나브로 가슴에 돋아나는 섬을 붙들고 바닷가를 찾아 바다의 신 포세이돈과 속엣말을 나누고, 긴 날개로 바다 위를 유유히 나르는 앨버트로스를 그려보는 게 나의 기쁜 운명인지도 모른다.

수평선이 저물고, 대마도가 사라지면서 하늘이 타오른다. 노을이 바다를 끌어올려 키를 높이고 붉은 하늘이 된다. 바닷새도 뱃사람도 모두 노을 속에서 옛날도 버리고 육지도 버리고 바다마저 버리고 황금옷을 입는다. 바다가 새로운 생명을 탄생시키듯, 바다는 어머니를 만들고, 어머니는 노을을 만들고, 나는 높은 바다에 떠있는 노을 속에 어머니를 찾아가는 바람이 된다.

바다노을은 나의 내면에 소중히 봉인된 기억의 창고 속에서 북두칠성을 움켜쥐고 용왕신을 모시고 살았던 어머니의 모습이 현현하는 듯하다. 지금쯤 제주 바다에도 진홍빛 노을이 활활 타고 있을 것이다. 아버지의 무덤 옆에 누워 있는 어머니의 한 맺힌 정념이 아버지의 심장을 붙들고 허무의 조각 덩어리들을 꼭꼭 채워 넣고 있을 것이다. 어머니의 부활 같은 바다노을은 노스탤지어가 되어 내 핏줄을 돌아다니는가, 가슴이 뜨겁다.

나는 현상이 만들어낸 잡다한 모든 것을 던져 버리고 내 영혼을 지키고자 잃어버린 고독을 찾고 있다. 뫼비우스의 띠처럼 안과 밖이 같은, 미래와 과거의 벽이 허물어지는, 그래서 마법의 시간이 열리는 바다노을 앞에 시종이 되고 싶다.

지금 이 순간, 망망대해에서 노을을 보고 있는 뱃사람들의 마음엔 어떤 영상이 찍히고 있을까.

창窓 내고자

아파트 창문마다 색색의 조각보를 여러 개 붙여 놓은 듯 불빛이 화려하다. 우리집 베란다에도 희미한 불빛이 보인다. 아무도 없는데 이상한 일이라며 벨을 누른다. 한참 있다가 우즈벡에서 온 작은 아이가 현관문을 연다. 깜짝 놀란 내가 "아니, 전화 한 통 없이….", "아빠 놀라게 하려고요."

베란다에 나가 앉아서 늦게 귀가하는 나를 기다리곤 했던 어머니가 작은 아이가 되어 환생한 것인가.

창窓 내고자 창을 내고자 이 내 가슴에 창 내고자

고모장지 세살장지 들장지 열장지 암톨쩌귀 수톨쩌귀 배목걸쇠 크나큰 장도리로 뚝딱 박아 이 내 가슴에 창 내고자

이따금 하 답답할 제면 여닫아 볼까 하노라

청구영언 속에 나오는 작자 미상의 사설시조이다. 시조 속

의 화자는 갑갑한 자신을 활짝 열어젖히고자 가슴에 창을 내고 싶어 한다. 마음속에 쌓인 비애와 고통, 답답한 하소연이 무엇인지 말하지 않지만 사설적인 중장가락을 통해 답답함의 크기가 얼마만큼인지 상상하게 한다. 인습의 세월에 얽매어 닫히고 닫힌 가슴을 열고 싶은 마음, 얼마나 간절했으랴.

시조 속의 화자는 어머니다. 중장을 소리 내어 다시 읽어본다. 비통한 눈빛으로 세설洗雪하는 어머니의 수척한 모습이 떠오른다. '창 내고자, 창 내고자….' 어머니의 한이 바라춤을 추고 있다.

어머니의 제삿날, 삼십 대의 젊은 아버지 사진이 팔십 대의 할머니 곁에 엉거주춤 앉아 있다. 두 아이에게 절을 시킨다. 큰아이에겐 다섯 번, 작은아이에겐 열 번하라고 이른다. 아이들을 키워낸 어머니에 대한 보답이 절 많이 하는 것이라니, 어머니의 창은 열릴 성싶지 않다.

달님이시여 이제 / 서방 정토까지 가시려는가 / (가시거든) 무량수불無量壽佛 앞에 / 일러 사뢰옵소서 / 맹세 깊으신 부처님에게 우러러 / 두 손을 모아 / 왕생을 원하여 왕생을 원하여 願往生 願往生 / 그리워하는 사람이 있다고 사뢰옵소서 / 아아, 이 몸 남겨 두고 / 마흔여덟 가지 큰 소원을 이루실까

향가 《원왕생가願往生歌》는 극락에서 다시 태어나기를 바라는 마음을 달에게 기원하는 애절한 가요이다. 광덕廣德과 10년을 동거하였어도 한 번도 잠자리를 한 일이 없는 광덕의 아

내가 부른 노래이다. 세속적인 삶을 다 끝낸 뒤의 소망을 제시한 것이 아니라, 당장이라도 현세를 초월하겠다는 절체절명의 청원이다. 신라인의 세계관이 불교와 샤머니즘이 습합한 것처럼, 이 노래는 달이라는 중개자를 통하여 주술적 어법을 빌려 정토왕생을 희원한 것이리라.

광덕은 한결같은 마음으로 아미타불을 염하고 16관을 지었으며, 밝은 달이 창에 비치면 그 빛에 가부좌했다. 이런 정성으로 서방정토로 가게 됐다는 내용이다. 창은 세속 세계를 종교적 세계로 향해 열어 놓은 들목을 표상한다.

광덕의 아내는 젊어서 청상과부가 된 내 어머니로 다가온다. 무병巫病을 닮은 어려움을 끝내 이겨내고, 아버지를 위해 부엌 창문 앞에서 조왕신 주술을 외우셨던 모습이 떠오른다. 현해탄을 건너온 아버지의 유골이 어머니 곁에 묻혔으니, 지금은 어머니의 가슴이 열렸으려나.

얼마 전 부부 동반 모임이 있어, 경남 함양군 용추계곡 꼭대기에 자리잡은 용추사龍湫寺를 찾았다. 절에 가면 늘 하던 대로 부처님께 합장한다. 세 번 합장하고 돌아서려는데 '한 가지 소원을 말해 보라'고 부처님이 웃는 것 같아 다시 한 번 합장했다. "부처님, 저는 옹졸하기 짝이 없는 사냅니다. 매일 아침 창문을 열어 주는 사람이 되었으면 합니다. 아내이든 자식이든, 그리고 친구이든 이웃이든 어느 누구를 위하든 상관없습니다."

대웅전을 나서는 내 모습이 밝아 보였는지 아내가 한 마디 건넨다. "무슨 좋은 일이 있는가배.", "아니, 이 세상을 위해 내 마음을 열어달라고 부처님께 소원했지.", "에헤, 당신에겐 불가능한 일, 쬐끔만 열어 보소." 나에겐 창도 없단 말인가. 창이 없다면 무슨 창이라도 만들어야 하겠지.

'향기가 퍼져 나는 꽃의 창문, 내 격을 넘어선다. 실을 받아들여 길 잃은 단추를 매달아주고, 상처난 양말을 치료해주는 바늘의 작은 창, 베풀 줄 모르는 내 마음이 부끄러워 외면한다.' 그럼 어떤 창을 만들어야 하나. 벌레들이 쉬어 가고, 작은 씨앗이 잠드는 돌담 같은 창이면 어떨까. 무슨 창이면 어떠리. 문득 김상용의 시, 「남南으로 창窓을 내겠소」가 생각나 뇌어 본다.

> 남으로 창을 내겠소/ 밭이 한참갈이/ 괭이로 파고/ 호미론 풀을 매지요// 구름이 꼬인다 갈 리 있소/ 새 노래는 공으로 들으랴오/ 강냉이가 익걸랑 / 함께 와 자셔도 좋소// 왜 사냐건/ 웃지요

그래, 웃으면서 사는 거다. 왜 사느냐고 물으면, 그냥 웃으면서 산다고 말할 것이다.

내 마음의 장지를 활짝 열어 놓는다. 세월의 상념을 털어내는, 온갖 그리움이 찰랑대는, 자연과 하나 되는 마음의 문을.

들국화

어느새 늙어버린 벌레 울음소리가 풀밭 속에서 스산하다. 저무는 가을이 짧은 꼬리를 물고 있는 해거름에 친지들과 국화 전시장을 찾았다. 보라색, 노란색, 하얀색 국화 송이로 치장한 하트 문을 지나니 한반도 모양을 본뜬 국화지도가 우릴 맞는다. 크고 작은 꽃송이를 카드섹션처럼 배열한 국화밭 사이에 하얀꽃으로 모자이크한 석가탑이 서 있다. 자줏빛 에덴동산이 발걸음을 유혹한다. 많은 사람들이 국화가 되어 형형색색으로 피어나고 싶어서인가, 모두가 눈에 국화꽃을 담고 있다.

스며드는 향기의 호사를 누리는데 기다랗게 늘어선 국화 분재 화분에 시선이 멈춘다. 얄따란 화분에 괴석을 앉히고 돌 틈 사이로 철사에 매달린 국화가 고개를 내밀고 있다. 고목 몸뚱이를 친친 감고 있는 국화도 보인다. 뒤틀린 소나무와 균

형을 맞추려고 국화를 이리저리 당겨 세워 놓은 것도 있다. 자연을 비틀고, 잘라낸 모습이 안쓰러워 눈을 감으려는데, 화분 밑바닥에 하얀색 가격표가 화살이 되어 나를 붙든다. 몇 만 원, 몇 십 만 원짜리로 값을 매기고 보는 사람의 마음을 떠보는 듯하다. 인간을 노예로 만드는 자본주의는 자연마저도 돈으로 환산하고 있는 형국이다. 그 옛날, 노예시장에서 사람 값을 흥정하던 인간사냥꾼, 백인을 보는 것 같아 얼른 발길을 돌린다.

'예술은 자연의 모방'이라는 명제가 '예술은 자연의 저격수'라는 명제로 바뀌어야 하는 게 아닌가 하는 엉뚱한 생각이 든다. 인공적으로 피워낸 전시회장의 국화는 자연스런 피가 멈춰 버린 성형미인들을 닮았다. 인간이 만든 국화 속에서 잊혔던 들국화가 불쑥불쑥 튀어 나오고, 오래된 어머니의 모습이 국화송이 틈에서 보이기 시작한다.

초등학교 시절, 가을소풍 장소는 대부분 화북마을 원두천변이었다. 그곳은 들국화가 무더기로 무리를 지어 피는 들판이었다. 보물찾기 시간이 되면 으레 들국화의 가슴을 열었다. 그곳에는 작은 보물이 꼭꼭 숨겨져 있곤 했다. 지금도 그곳의 들국화는 수줍게 피어 있을 것이다. 잎이 지고 꽃이 지고 나서도 꽃송이를 오래도록 간직하는 모습이 초라하면서도 고고한 자태로 다가온다. 내 마음속 들국화는 빛의 고통, 바람의 고민을 품어내고, 풀벌레의 숨결, 하늘의 울음을 머금은 고독한 행려자로 남아 있다.

어느 날이던가. 어머니의 병실은 온통 꽃향기였다. 어머니는 병에 꽂힌 들국화 꽃잎을 한 잎씩 따서 잘근잘근 씹다가 뱉어내고 있었다.

'저 꽃즙을 링거수액으로 만들어 놓으면 어머니의 입에서 자신을 닮은 아름다운 들국화 송이가 주렁주렁 피어나지 않았을까. 마른 들국화 꽃잎 한 묶음을 어머니 베개 속에 넣었더라면 좀 더 향기나는 생을 마감하지 않았을까.'

온갖 풍상 속에서 외롭게 절개를 지키며 살아온 어머니의 소박한 바람은 들국화의 꿈으로 은유되고 있다.

어머니의 추억이 살아 있는 들국화를 사랑한다. 서릿발이 짓밟아도 굴하지 않고 피고 지는 게 어디 그리 쉬운 일인가. 나는 들국화를 사랑, 그 이상으로 사랑한다. 그 빛과 향기는 조금도 거짓이 없고 나와 함께 가슴앓이를 하며 소박한 소망을 나눌 수 있기 때문이다.

가을 속 들국화는 사색의 풍요를 안겨주고 지나간 세월 속의 흙냄새를 불러일으키는 그리운 아쉬움이다. 회색빛 도시를 벗어나 흙길을 걸으며 들국화를 찾는 일은 참나眞我를 만나고자 하는 일이다. 들국화는 나에게 웅숭깊은 깨달음을 준다. 사람은 자연의 한 부분일 뿐, 그 이상도 그 이하도 아니라는 사실이다. 들국화의 아름다움은 우주의 미소일진대 그 누가 허투루 대할 것인가.

가을이 가기 전에 어렸을 적 자주 들렀던 원두천변을 찾아갈 것이다. 그 곳에서 소년이 되어 작달막한 들국화의 보랏빛 화심花心과 어울리고 싶다. 한 마리 윙윙거리는 벌이 되어 들국화 꽃잎에 사뿐히 들앉아 들국화가 되는 생각도 미리 가져본다.

잿빛 찬바람 속에 피는 들국화는 눈 시리게 아름다운 보살상菩薩像이라는 생각이 드는 요즈음이다.

내 안의 사람들

접시에 얇게 깔린 고기포 바닥에는 접시의 무늬가 생생하게 살아 움직인다. 도쿄 츠키지築地 수산시장 주변의 식당에서 생선회를 주문했을 때의 일이다.

살점에 펴져 있는 실핏줄을 따라 물고기로 환생한 무늬가 살아 파닥이는 환상에 젓가락을 좀체 대지 못했다. 회를 먹는 것은 접시의 무늬를 통째 집어먹는다는 생각에 감칠맛 돋는 회를 잊고 한동안 접시바닥만 물끄러미 굽어보았다.

내 실핏줄의 접시에도 많은 사람들의 숨결이 고여 있다. 그 중에서도 으뜸은 어머니이다. 요즈음, 거울에 황급히 떠오르는 부시맨 같은 내가 생선회처럼 비스듬히 잘린 채 웃고 있다. 아마도 어머니 살아실 적 애지중지하던 수은칠이 반쯤 벗겨진 손거울이 생각나서일는지도 모른다.

날마다 조왕신을 모시며 합장하던 어머니는 미신으로 똘똘 뭉친 화신이었다. 어머니는 꼬리 달린 달처럼 늘 나를 따라다녔다. 캄캄한 밤, 친구를 찾아가는 나를 미행하는 어머니의 습성은 나를 꽁꽁 묶어 외톨이로 만들어 버리곤 했다. 지금도 어머니는 나를 지켜보고 있다. 아름다운 수호신이 되어.

아내의 말이 전에 없이 사나워지고 있다. '당신의 허세에 눌려 살아왔다'면서 나의 허점을 줄줄이 사탕처럼 꿰어 매단다. '결혼 때 진 빚을 갚느라 한시도 편한 날이 없었다. 전세방 시절, 두 아이를 하나는 업고, 하나는 걸리면서 고달픈 삶을 이어왔다. 그때마다 술에 취해 자유를 즐기는 능청스런 모습을 봐야 했던 내 가슴 알기나 하느냐'며 교과서적 푸념을 달달 외운다. '어찌 그리 과거지향적이냐.' 한 마디 했다간 분노의 별똥별을 흩어 놓다가 끝내는 울먹이고 만다.

평소엔 얌전하다 싶은 아내의 깊은 속내를 풀 길이 없어 비겁하게 입을 다물다가, 엉뚱한 해결 방법을 택하기도 한다. 서울에 있는 아이에게 구원 전화를 건다. '중전마마에게 따뜻한 말 좀 건네거라.' 상황을 파악한 아이의 전화를 받는 걸 보며 밖으로 나선다. 서글픈 코미디가 따로 없다.

남자와 여자가 평등하게 똑같은 역할을 한다는 건 생물학적으로 불가능함을 실감하는 요즈음이다. 날더러 한평생 변한 게 없다고 강변하는 아내 역시 하나도 변하지 않았다는 반증이다. 상생相生이 있으려면 상극相剋이 있어야 하고, 상극이 있어

상생으로 이어지는 게 음양오행일 터. 나의 정체성을 지켜주는 것은 나를 제어하는 아내와 같은 상극의 힘이라는 것, 이 얼마나 의미심장한가. 자연의 리듬이 고마울 뿐이다.

나는 소중한 두 아이에게 어떤 아버지였을까. '머리는 차게, 가슴은 뜨겁게'라는 가훈 족자를 걸면서 질의응답을 통해 개념을 자세히 설명했었다. 지금도 거실 벽에 걸려 있는 가훈을 보면서, 가훈 실천에 실패한 사람은 무어라 해도 나 혼자라는 생각이 든다. 어떤 이유에서건 내 가슴은 늘 불만스러웠고, 차가왔기 때문이다. 고작 성적표를 벽에 붙여 놓고 그래프를 그려가면서 닦달하는 미숙한 아버지였을 뿐이다. 어른이 된 두 아이가 따뜻한 카리스마라며 억지로 추억담을 꺼낼라치면 헛기침을 하며 말꼬리를 바꾸곤 한다.

며칠 전 친구가 ≪배필≫이라는 소설집을 들고 왔다. 가족사를 중심 모티브로 한 단편소설 여덟 편을 묶은 책이었다. 처음 내는 책이라 내용이 엉성하다면서 얼굴을 붉힌다. 첫술에 배부르겠느냐며 축하의 인사를 건네고 커피점을 찾았다. "아여, 마누라는 뭐라카드노.", "쓸데없는 짓 그만 하소."하며 돈 한 푼 안 주더라며 웃는다. 그래, 우리 앞으로 쓸데없는 짓이나 많이 하자며 친구의 손을 잡았다. 늦게나마 소설가로 활동하게 된 친구의 울렁거림에 나의 기쁨이 함께 하고 있었다.

그럴싸한 화두를 주고받을 수 있는 고향 선배가 있다. 팔순이 가까운 나이인데도 요가를 즐겨서인지 정신은 물론 육체도

건강하다. 오히려 잔병치레 하는 나를 위로하기에 바쁘다. 몇 년 전 교육감 출마설이 나돌 때였다. 속으론 출마하기를 바라면서도, 뭣 때문에 진흙탕 싸움에 끼어들려 하느냐며 강변했었다. 그 당시 출사표를 던지고 당선되었더라면 목에 힘깨나 주면서 나 같은 사람은 거들떠보지도 않았을 게 아니냐는 말에 그저 웃고 만다. 가끔 건강을 염려해주는 선배의 전화 목소리가 고맙다. "형님, 올 가을엔 설악산 단풍구경 갑시다." "좋-지." 얼른 달력에 동그라미 치라며 환히 웃는 모습이 보이는 듯하다.

살아오면서 많은 사람을 만났다. 내 안의 사람들, 그들은 나의 인생이요, 길이었다. 아직도 가족과 친구, 소중한 사람들에게서 사랑의 빚을 지면서 살고 있다. 언젠가는 꼭 갚아야 할 빚, 두고두고 갚아야 할 은덕이다.

내일은 추석이다. 고향을 찾아가는 철새 같은 사람들의 무리를 보면서, 거대한 귀소본능의 행렬에 끼지 못한 자책감을 다독이고자 보름달이나 본다. 달 속에 심어둔 몽상과 전설을 그려보는데 고향 사람들이 달이 되어 차오르고 있다. 꽉 찬 달의 인력에 끌려온 바다가 고향사람들과 어울리는 징검다리를 만들어 주는 것 같다. '달하 노피곰 도다샤~ 아으 다롱다리.'

내 안의 모든 사람들이 보름달이 되어 '노피곰' 떠 있다.

바람이 된 낙서

숲속을 거닐 때마다 산 아래에 있는 너럭바위에 앉아 잠시 쉰다. 몸집이 제법 큰 검정 개미 한 마리가 바위 모서리에서 쉼없이 서성거린다. 개미 따라 내 마음도 왔다 갔다 한다.

바위를 끼고 흐르는 개울물을 따라 세월이 오고 감을 느낀다. 물속에 장산 봉우리가 잠겨 있다. 나는 물속의 산이 되어 산새 울음소리를 듣는다. 구름더미가 물에 발을 적시며 지나간다. 빨간 단풍잎이 물 위에 앉아 개울물이 된다.

한동안 내 눈을 끌고 다녔던 개미가 사라지고 없다. 내 앞에서 왔다 갔다 했던 개미의 어정거림은 짝을 찾아 헤매는 어떤 상형문자를 그리고 있었는지도 모른다. 새소리가 머물고, 구름이 지나갔던 물 위로 내 허튼 상상이 떨어져 바람소리가 된다. 건들바람을 데리고 개미처럼 허리를 잘록거리며 산을 내려온다. 문득 도서관에 앉아 책을 보던 날이 떠오른다.

'조금만 더 힘 내, 다 돼 간다.'

도서관에서 부여한 100번 좌석에 적은 낙서였다. 낙서라고는 하지만 번번이 마음이 무거웠다. 도서관에 갈때면 일찍부터 서둘러 이 좌석 번호를 챙긴다. 닥쳐온 수능시험에 온 몸을 던지는 의지의 힘을 빌려 젊어지고 싶은 마음의 표시였는지도 모른다. 숲속 너럭바위에서 보았던 검정 개미의 상형문자도 어쩌면 차원 높은 낙서 같은 것이 아니었을까. 예나 지금이나 유머러스한 낙서는 나에게 아름다운 카타르시스가 된다.

공중변소를 사용하던 시절, 수많은 풍자, 조롱, 욕설은 화장실 냄새를 중화시켜 주기에 충분했다. 나도 낙서를 하고 싶은 마음이 있었지만 용기가 나지 않아 남의 낙서를 즐겼을 뿐이다. 변소 밖에서 기다리고 있는 기다란 줄의 사람들처럼, 다양했던 낙서가 추억 속의 군더더기로 남아 있다. 야한 그림과 함께 '뭘 봐!' 하는 짧은 줄 한 줄에 내 잡다한 것들이 몽땅 배설되기도 했고, '낙서를 하지 맙시다'라는 낙서가 눈살을 찌푸리게 하기도 했지만.

심심찮게 낙서를 볼 수 있는 곳이 있다. 낙서로 모자이크된 찻집이나 술집에 가면 낙서처럼 마음이 꼬불꼬불해진다. 서민들이나 무명작가들이 즐겨 찾는 허름한 술집이지만 그곳에는 여백의 미와 어울림의 매력이 있다. 사람은 누구나 정도의 차이일 뿐, 유치한 치기가 있을 터. 그렇기에 낙서가 있는 곳을 흉볼 일만은 아니다.

산길을 홀로 거니는 나도 발바닥으로 지상에 낙서를 끼적거리는 행위 같아 소년 시절이 생각난다. 그 무렵 나는 열여섯 살이었다. 낙서할 용기가 나지 않아 가슴앓이로 세월을 보내고 있었다.

'순덕이는 내 것이니 그리 알 것.

순덕 주인, 창선 백'

이렇게 적었으면 될 것을 왜 꾸물거리기만 했는지. 그녀가 생각날 때마다 그녀 안부가 궁금하다. 마음속으로만 주인으로 행세했던 생각의 옹이 때문만은 아니지만 지금도 살고 있을 것이란 생각은 길을 걸을 때마다 지울 수 없는 발자국이 된다.

가시덤불 속의 봄바람이 틈을 엿보고 있었을까. 찔레 넝쿨이 하얀 꽃타래를 달고 있다. 내가 다시 태어나는 기분이다.

투명인간

나이는 때로 자유스러움을 느끼게 한다. 사람들에게 관심 밖의 존재가 되고 있어서 그럴 것이다. 심드렁한 아내를 볼 때면 더욱 그렇다. 갑자기 자유가 무서워진다.

지나가는 할머니, 할아버지를 눈여겨보는 사람은 별로 없다. 그래서 자유롭게 움직일 수 있고, 쉴 수도 있다. 투명인간이나 다름없는 노인들이 누리는 특권이다. 어렸을 적 가끔 꿈꾸던 투명인간이 늙으니까 절로 이루어진다. 하기에 나이 드는 것이 아름다운 것인지도 모른다.

가끔 투명인간이 되고 있다는 생각이 들어 이러다가 정말 투명인간이 되는 게 아닌가 하는 착각에 빠지곤 한다. 그렇다고 머뭇거리는 내가 우습지만은 않다는 생각이다. 기계는 잠시도 멈출 줄을 모른다. 머뭇거릴 능력이 없는 컴퓨터는 기계

바보인지도 모른다. 어정쩡한 행동으로 머뭇거리며 다른 것에 시선을 던질 수 있는 여유가 없어 기계는 참 어리석다는 생각을 하곤 한다.

어쩌면 세상이 투명인간 놀이에 빠져있는지도 모르겠다. 쓰잘머리 없는 사람들의 흔적이 가득한 컴퓨터 통신망에서 투명인간들과 만나기도 한다. 지하철 안에서 혼자인 양 큰소리로 통화하는 사람, 제 눈 하나 질끈 감거나 스마트폰 게임을 하면서 모르쇠 풍경을 연출하는 젊은이를 이상하게 보는 내가 이상한 사람이 된다.

나의 일상 중의 하나는 지하철 경성대·부경대역을 빠져 나와 버스로 환승하는 일이다. 두 대학이 몰려 있는 이곳은 늘 대학생, 일반 시민들로 붐비는 곳이다. 지하철역을 빠져 나오니 온 길바닥에 크고 작은 전단지가 널려 있는 황량한 풍경이 나를 슬프게 한다. 촘촘하게 진을 치고 있는 아주머니들이 우르르 쏟아져 나오는 사람들에게 전단지를 내민다. 손사래 치는 행인들이 대부분이지만 가끔 전단지를 받아든 사람도 보는 둥 마는 둥 길바닥에 휙 던져 버린다. 나처럼 늙수그레한 사람은 전단지에도 열외인 신세지만.

복잡한 길 곳곳엔 화장품이며, 핸드폰, 학원 따위를 선전하는 홍보 문구가 적힌 팻말을 들고 목석같이 서 있는 '인간 팻말'이 진풍경을 자아내기도 한다. 그들이나 나, 모두 관심 없기는 매한가지다. 환승버스를 타기 위해 걸음을 재촉하는 마음이 왠지 불편하다. 나를 투명인간으로 보는 것 같은 기분이 들기 때문이다.

환자들로 붐비는 대형 병원도 예외는 아니다. 아침 회진시간, 담당의사에겐 환자의 고통이 보이지 않는다. 간호사가 밤새 체크한 차트를 보고는 형식적인 안부를 묻는 게 고작이다. 환자는 의사를 하늘처럼 우러러보는데 의사에게 환자는 투명인간일 뿐이다.

선거철만 되면 티브이에서 당 대표, 선대위원장이라는 사람이 수행원들과 입후보자를 대동하고 빨강, 노랑 재킷을 입고 평소에는 찾지 않던 시장통, 쪽방촌을 누비며 표를 구걸한다. 서민들은 한두 번 속은 게 아니라서 무덤덤하기만 하다. 얼마 전 오바마 대통령이 백악관 복도에서 청소부와 스스럼없이 하이파이브를 하는 모습이 부러웠다. 이번 선거에서 이런 정치인을 몇이나 볼 수 있을지. 잘난 사람, 못난 사람이 하이파이브를 하는 모습을 보는 일이 그렇게 어렵기만 한 일일까. 서로가 투명인간이 되는 피로한 사회에선 지나친 소망일까.

대학교 비정규직 노동자들이 '청소 노동자도 유령 아닌 사람'이라며 농성을 벌인 지가 일 년을 훌쩍 넘기고 있다. 정의로운 사람은 투명인간이 되는 것인가. 사용자 눈에는 노동자들의 고충이 도무지 보이지 않는 모양이다. 오죽하면 군소정당의 한 곳에서 청소 노동자를 비례대표 1번으로 정했을까. 정치적인 계산법으로 치부하기엔 뭔가 심상찮다. 왜곡된 우리 사회의 자화상이 모두를 슬프게 한다.

꽃샘추위가 물러나려는가, 햇살 눈부신 이 봄날 집에 있으면 손해 볼 것 같아 이기대 숲을 찾는다. 모든 것을 받아주는 자연에 내 몸과 마음을 내맡긴다. 나의 자유가 아내를 비롯한 다른 사람들의 자유에 의해서 제한받고 있음을 느낀다. 타자에 의해 존재하는 한, 타자는 나의 영원한 지옥일지도 모른다는 무거운 명제가 나를 붙들고 있는 듯하다. 내가 타인의 자유를 묶어둘 만한 뭔가를 보여줄 수만 있다면 얼마나 좋을까. 헛된 미혹이 '나'라는 존재를 망가뜨리고 있음을 깨닫는다. 자유의 상호인정은 영원히 풀리지 않을 과제일지도 모른다. 나만의 익명적 즐거움만을 바라는 소인배라 하더라도 참다운 고독을 느낀다면 덜 외롭겠다는 생각도 든다. 숲을 등진 검푸른 파도의 절규가 나와 함께 몸서리치고 있다.

요즈음은 사람들 모두가 나를 지나치고 있다는 기분이 들곤 한다. 나는 분명 그들 곁에 있는데, 사람들 속에 있어도 항상 혼자라는 느낌을 지울 수 없다. '나는 살아있는데 사람들은 나를 모른 체 하는구나. 그래, 나 혼자 사는 거야. 어제도 오늘도 내일도 점점 투명해져 곧 없어져 버릴 테지. 투명하게.'

혼자면 어때, 꿈에서라도 실컷 놀아보는 거다. 오늘은 포스트잇에 그린 망아지 그림을 가슴에 붙이고 들판을 쏘다니는 꿈이라도 꿔야겠다. 놀다보면 참 자유와 참 나眞我를 찾을 수도 있겠지.

3부

돌 철학하다

철판 위에 돌 하나가 우두커니 서 있다.(관계 항, 철판 270×220×1.5㎝, 자연석 80×80×900(h)㎝). '언어화되지 않은 것으로부터 무언가를 이야기하게 한다.', '서로 침투하기도 하고 거절도 하는 다이나믹한 관계항이 시적이며, 비평적이고 초월적인 공간이 열린다.' 천자문 외듯 옹알이는 큐레이터의 난삽한 해설을 귓전으로 흘리며 작가 이우환의 '공간'을 돌아 나온다. 머리가 먹먹하다.

돌 하나, 철판 조각 하나. 그뿐이다. 작가가 만든 것은 아무것도 없다. 작가는 무엇을 생각하고 있었을까. 만든 것과 만들어지지 않은 것이 자주적인 관계로 작용하며 울려 퍼지는 공간에서, 시나 비평, 초월성을 느낀다는 의미는 무엇일까. 실안實眼과 심안心眼이 충돌하며 어긋날 때 생기는 현상일까. 침묵은 예술의 본질이라는데 가만 있어야 하나. 그렇지만 무슨 말이든 터뜨려야 나의 고정관념이 조금은 가벼워질 것 같다. 돌과 철판, 누가 어르고, 누가 으르는 것일까. 아무래도 자연이 인위를 어르어야 할 터. 만들어진 것보다는 만들어지지 않은 돌에 오래도록 눈길이 머문다.

저 돌도 나를 대상으로 뭔가 보고 있을 것이다. 돌은 나에게 대상이 되고, 나는 돌의 대상이 된다. 내가 돌에게 말을 걸고, 돌은 나에게 말을 걸며 돌이 된다. 언어화될 수 없는 그 무엇은 무엇일까. 작가의 언어나 마음을 튕겨내고 나만의 여백에서 무한한 호흡을 느끼고 싶다.

대낮에 별이 보이지 않는다고 별이 없는 게 아니듯이, 돌 속에 갇혀 있는 원초적 감성을 끄집어 내어 본다. 저 돌 위에 비가 스며들면 이끼가 돋을 테고, 산 빛과 함께 풀 냄새가 적막을 깨뜨리겠지.

매일 지구에는 몇 십억 개의 달이 뜬다고 한다. 달은 한 개지만 이를 칠십억 인류가 각자 고유한 방식으로 받아들이기 때문이리라, 저 돌도 마찬가지 아닐까. 그렇기에 저 돌이 강원도 돌이 아니고 화산섬 제주의 현무암이 될 수도 있겠다. 현무암 속엔 오랜 세월을 견딘 늙은 꽃들이 옛 이야기를 듣는 한라산이 보이고, 내가 뛰놀던 돌담 올레길도 길게 뻗어 있다. 놀다 지쳐 누우면 나는 그대로 돌이 되고 하늘이 되어 잠들곤 했던 추억이 맴돈다.

작가 이우환의 '공간'에서 세 번째 같은 돌을 보며 말을 건다. 존재는 원래 숨기를 좋아 한다는데, 저 돌은 무엇을 숨기고 있을까. 큰 북을 치면 커다란 떨림의 여백을 느끼듯, 산속 마애불이 이끼 낀 세월의 불경을 읽는 소리가 들린다. 그런가 하면, 가벼운 외투를 벗듯 걸어 나와 좌정坐定하고 있는 석굴암의 돌부처가 보이는 듯도 하다. 돌 속을 헤매다 보니 신神이 있어 구속 당하고, 신이 없어 자유로운 '나'가 한없이 어긋나고 있음을 보고 있다는 엉뚱한 생각이 들기도 한다.

돌은 숨어서 살아가며, 사람의 헛된 인식을 깨치며 사라지는 것인지도 모른다. 돌은 성城이 되고, 집이 되고 때로는 무덤이 되기도 한다. 이는 인간이 돌을 신뢰하고 사랑했기 때문이리라. 돌은 삶이요, 우주이기도 하기에 돌은 돌이면서 돌이 아니다. 그렇기에 인간은 사유의 존재이면서 에너지의 덩어리인 돌을 터뜨리면서 자연을 갈망해 왔을 성싶다.

돌 속에서 내 마음을 비튼 아름다움을 읽다가, 무한한 상상이 지쳐 세속으로 돌아온다.

'그대, 왜 말이 없느뇨.'

'죄어온 사랑의 멍울이 터질까봐, 그래.'

지금, 여기에

대학 동문회나 시민단체 모임에 가면 명함 돌리는 게 하나의 통과의례처럼 되어 있다. 전前 국회의원, 전 생활협의회장, 전 공동대표 등의 글귀가 크게 박힌 명함을 자랑스럽게 돌리는 것을 본다. '나, 한 때는 이런 사람이었소.'하며 목에 힘을 주는 것 같아 민망하다.

지나간 성공을 평생 끌고 다니며 허황된 자랑에 갇혀 사는 사람이 의외로 많다. 자연인으로서 과거를 훌랑 벗어던지고 현재의 모습을 보여주면 어디 덧나기라도 하는 것일까. 정직한 삶을 살려면 용기가 필요한데, 내가 누구인지 묻고 답하며 살아가는 사람은 그리 흔치 않아 보인다.

나도 직장에 있을 때에는 명함을 갖고 다닌 적이 있다. 초등학교 교장이라는 나약한 직함 때문이었는지는 모르지만 사용한 기억은 별로 없다. 퇴직 당시 교장실을 정리하면서 거의 사용하지 않은 명함 뭉텅이를 쓰레기통에 버리면서 괜히 우울했던 경험이 지금껏 나를 구차한 사람으로 만들고 있는 성싶다. 명함 없이 지내는 지금은 내 얼굴, 내 말씨, 내 품행이 명함이 되고 있을 것이다. 명함이 없어서 불편하다는 생각은 전혀 없다. 애시당초 나와는 인연이 없는 게 명함인지도 모른다.

이런저런 사념 속에 헤밍웨이의 걸작 〈노인과 바다〉의 늙은 어부가 나를 이야기 속으로 끌고 간다. 성공 보다 더욱 중요한 것은 성공의 결과물이 몽땅 사라진 뒤에도 영혼의 존귀함을 잃지 않는 일임을 감동적으로 일깨워 주고 있기 때문이다.

늙은 어부 산티아고는 필생의 꿈이었던 청새치를 잡은 일시적인 성공보다는 청새치를 상어 떼로부터 지키기 위해 목숨을 건다. 청새치가 상어 떼에게 뜯겨 뼈만 앙상하게 남은 순간에도 그는 절망하지 않는다. '인간은 죽을지는 몰라도 패배하는 것은 아니다.'라며 절규한다. 어떤 어려움이 있어도 스스로 무릎을 꿇어서는 안 된다는 메시지가 너무 강렬하다. 작살 하나로 청새치를 잡는 용맹, 작살도 없이 상어 떼와 목숨 걸고 싸우는 집념은 숭고한 인간 승리의 모습으로 다가온다. 더욱 아름다운 것은 모든 것을 잃고서도 다시 돌아와 새로운 삶을 시작하는 순진한 마음이다. 삶의 가장 소중한 의미는 성공이 아닌 어린 소년 마노린과의 소박한 우정을 깨닫는 데 있음을 보여준다. 애매한 사상이나 관념은 추호도 없는 원시인인 노인 산티

아고는 야구 이야기를 즐겼고, 소년은 눈을 반짝이며 노인의 이야기에 귀를 기울인다. 바다 한가운데서 긴 시간 상어 떼와 사투를 벌이면서도 '소년이 있으면 얼마나 좋을까.'하며 큰 소리로 중얼거리곤 했다. 평범한 일상 속에서 생의 원동력을 발견하고 있는 것이다.

생의 지렛대는 화려한 성공이 아니다. 그 사람을 사람답게 만드는 평범한 일상에 있음을 일러준다. 노인의 평범한 일상, 우리들의 헛된 삶을 꾸짖고 있는 듯하다. 그렇기에 대단한 삶을 살고도 평범한 삶으로 되돌아올 수 있는 용기 있는 사람들이 그리운 것이겠다.

얼마 전 여수 엑스포 마당 한 켠에서 초등학교 선생님이 피켓을 바꿔 가며 영어 테스트 게임을 하는 모습이 내 눈을 붙들었다. 많은 아이들이 손을 번쩍 들고는 네모 빈 칸을 자신 있게 채우고 있다. Yesterday is [history], tomorrow is [mistery], today is [present]. 어제는 역사이고, 내일은 신비요, 오늘은 바로 선물이다. present 대신 gift라고 외쳐대는 아이들도 있다. 힘차게 뿜어내는 바다분수와 함께 거침없는 아이들의 모습이 바다의 주인공이 되어 파랗게 일렁이고 있다. 역사를 만들고 미래를 변화시킬 수 있는 것은 바로 '지금, 여기'뿐임을 새삼 느낀 하루였다.

인생에 대해 톨스토이가 던졌다는 삼대 질문이 새삼 나를 붙든다. '가장 중요한 때는 언제인가, 바로 지금이다. 가장 중요한 사람은 누구인가, 바로 당신 앞에 있는 사람이다. 가장 중요한 일은 무엇인가, 지금 당장 바로 앞에 있는 사람에게 최선을 다 하는 것이다.' 그렇구나.

지금, 여기에 우물쭈물 살고 있는 내가 게송 외우듯 나를 흔들고 있다. '나는 누구인가. 타인이 나를 만드는 것인가, 내가 나를 만드는 것인가. 아니면 만들어 지고 있는 것인가.'

2012년 런던 올림픽 경기가 무더위를 식혀주는 여름밤. 3·4위를 결정하는 축구 경기, 그것도 한·일 축구 경기가 새벽에 열렸다. 한국이 2:0으로 이겼을 때, 서울 광화문, 광주 충장로, 부산 용호동, 제주 탑동, 울릉도 도동 등 전국은 환희와 감격, 열광의 도가니였다. 그라운드의 선수들은 얼싸안고 행복에 겨워 팔짝팔짝 뛰고 있었다. 그 속에서 나는 살고 싶은 대한민국의 부활을 확인하고 있었다.

'아침에 깨우침을 얻으면 저녁에 죽어도 좋다. 朝聞道 夕死可矣'라는 공자의 말을 떠올린다. 옳거니, 새벽에 큰 기쁨을 얻었으니 오늘은 죽어도 좋은 것인가. 죽음을 뛰어 넘는 기쁨, 얼른 냉동시켜 놓아야겠다.

"행복이 뭐지?". "지금!". 그렇구나.

자화상 초고草稿

'너 자신을 알라.'

아폴로 신전의 격문檄文은 고대 그리스 정신의 요체요, 르네상스의 정신이기도 하다. 지금껏 사람들의 뇌리에 각인되어 있는 르네상스는 새로운 재탄생을 위한 옛 시대의 교훈이며, 우리가 늘 기억해야 할 오래된 미래이다.

자신을 안다는 것은 다른 사람을 알기 전에 먼저 '나'를 알아야 함을 의미한다. 내가 누구인지, 나의 가능성은 무엇이고, 한계는 무엇인지 솔직하게 알고 나서 다른 사람을 아는 게 순서일 것이다.

내가 살고 있는 아파트의 이름은 「르네상스 타운」이다. 정문에 상징적으로 아폴로 신전의 기둥 여섯 개가 세워져 있다. 매일 정문을 지나칠 때마다 '나는 누구인가'를 곰곰 생각하게 된다.

“아버지, 뜬금없는 얘기 좀 하지 마세요.”

멀리 있는 딸아이가 전화에 대고 어렵게 끄집어 낸 말이다. 아내와의 이상한 분위기를 감지한 아이의 마음이 꽤 심란했나 보다. 가끔은 일부러 뜬금없는 얘기를 한다는 걸 알 턱이 없다. 이는 내 무기이기도 하고, 내 생각을 넘보지 못하게 하는 생존 전략이기도 하다. 빙 둘러대는 아이의 말에서 내가 무척 이기적임을 인정한다. 인정머리 없는 나는 남의 좋은 일에 박수치는 데 인색하다. 건방떨거나, 질투하는 건 절대 아니다. 치명적 습관이다. 어느 공연장에서인가, 모두가 일어서서 박수치는데 나 혼자 앉아 있어도 아무렇지도 않았다. 심지어는 아이의 대학입학이나 취직에 크게 기뻐한 기억도 별로 없다.

딸아이의 전화 한 통에 왜 이리 민감한가. 아마도 내 무기인 에고티즘이 생명을 다해 가고 있음을 예고하는 것 같아 허허로운 하루다.

가까이 있는 아내의 심드렁한 표정에서 나의 우유부단한 무능을 느끼는 요즈음이다. 돌이켜 보니 나의 결혼을 반대했던 많은 사람들의 생각, 백번 옳았다. 사랑한 것은 없고, 잃은 것뿐이라는 소리를 읽을 때마다 딴전을 피워야 하는 나를 발견하곤 공허함을 느낀다. 아내의 불행이 너무 커 보여 눈을 감아도 부끄럽다. 사랑이 사랑하는 사람을 열광케 하지 못한다면 그것은 이미 사랑이 식어가고 있음이리라.

어린 시절, 동생만 감싸도는 어머니가 한없이 미웠었다. 어머니 치마폭에 싸여 코흘리개짓을 한 적이 없다. 순종과 체념만이 요구되었던 벙어리시절이었다. 종심의 나이에 들어서야, 부모는 나를 낳아 준 것만으로도 감사한 일임을 알 것도 같다. 올해부터 어머니를 빼닮은 동생이 제사를 지낸다. 차가운 바다노을이 되어 아버지를 기다렸던 어머니의 늙은 사진이 젊은 아버지의 사진 곁에서 나를 기다릴 것이다. '어머니, 동생이 예쁘지요?'라는 내 말을 오해하지나 않을는지 모르겠다.

나는 안다. 아내 말고도 나를 불편해 하는 사람이 많음을. 아내에겐 권태로운 남자, 딸에겐 무관심한 아빠, 어머니에게는 어리석은 아들, 친구들에겐 건방떠는 녀석, 어디에도 쓸 만한 구석이 없다. 사람은 선택지에 따라 다르게 살아간다. 내가 싫어하는 사람을 그 누군가는 좋아하듯, 그 역도 성립한다. 활화산 같았던 '고흐'도, 휴화산 같았던 '고갱'도 다양한 예술 작품 속에서 자신의 길을 그렸지 않은가. 내가 좋아하는 친구, 몇 남지 않았다. 더러는 세상을 등졌고, 더러는 소원해져 버렸다. 내가 먼저 좋은 친구가 되려고 하지 않고, 나를 좋아하기만을 바랐기 때문이다. 이대로라면 얼마 남지 않은 친구도 영영 내 곁을 떠날지도 모른다.

어느 날, 그동안 내가 썼던 칼럼이나 에세이를 보고 깜짝 놀랐다. 어디에도 솔직한 '나'가 없다. 게다가 창조적 자아는 눈꼽만큼도 없다. 얄팍한 거드름만이 난무하고 있다. 언어를 조작하고 학대하는 테러 행위를 일삼고 있다. 배경지식, 솔직한 용기가 없다 보니 자유로움을 벗어나 기교를 부리게 되고, 언어 예술가는 언감생심 언어곡예사가 되고 있다. 기교를 부릴수록 나의 참 모습을 망각하기 일쑤다. '나'가 없다니 끔찍한 일이다.

렘브란트의 자화상을 본다. 세계 미술사에서 가장 많은 자화상을 남긴 화가 렘브란트. 정직하면서도 냉혹하게 희로애락은 물론 자신의 과오까지 숨김없이 표출하고 있다. 그의 자화상에서, 자기 미화라는 함정에서 빠져 나온 자유로움을 본다. 영혼의 일기인 셈이다.

「깃털 달린 벨벳 모자를 쓴 자화상(1638)」은 호화로운 의상을 걸치고 출세가도를 달릴 때 자기도취에 빠진 모습이다. 「창가에서 그림을 그리는 렘브란트(1648)」에선 검소한 작업복 차림으로 본연의 자아를 반영한 수더분한 인상이 보인다. 「제욱시스로 분장한 자화상(1668)」에 한동안 눈이 멈춘다. 웃으며 죽었다던 고대 화가 제욱시스를 닮고 싶었을까. 홀로 쓸쓸히, 죽음이 그리 멀지 않았을 때 그린 그림. 저 웃음은 대체 무엇일까. 그가 살았던 무대의 숱한 가면들을 모두 긍정하는 웃음일 성 싶다. 외부의 광원에서가 아니라 스스로의 내면에서 발산하는 발광체의 웃음, 대긍정大肯定의 웃음이 그의 이마에서 쉬고 있는 듯하다.

나의 자화상, 믿어도 될까. 과거의 내가 지금의 내가 아니라는 구실로 반反 자화상이 되지 않았으면 하는 바람이다. 과거의 '나'가 허상에 머문다고 해도 과거의 작은 느낌을 체험해 보고자 할 뿐이다. 과거 속의 현실과 현실 속의 과거가 화합할 수 없음을 안다. 기억은 근본적으로 날조요, 주술이겠기에 언제나 변죽 올리기에 급급하여 낯선 세계가 펼쳐지겠지만. 그렇기에 자기 자신에 대한 글을 쓴다는 자체가 낯뜨겁고, 부도덕한 일인지도 모른다.

과거의 자아는 현재의 새로운 자아와 만나면서 자유로워진다. 과거의 그림자를 벗겨내면 과거의 자아로부터 해방되는 일일 터. 나의 어린 시절, 고통의 시절이 무채색으로 변해버렸으면 한다. 과거에 대한 평가, 이를테면 얼굴도 모르는 아버지, 가난 따위에 대한 평가에서 벗어나고 싶다. 아버지나 가난을 있는 그대로 사랑하고픈 것이다.

내가 내놓을 자화상은 하도 변화무쌍하여 끝없는 퇴고에도 마침표를 찍지 못할 것이다. 어쩌면 이 딜레마는 숙명일는지도 모른다. 지금 설계하고 있는 자화상 초고草稿도 다시 써야 하는 일이 생길 수도 있겠다. 오래된 기억은 주관적인 영상일 뿐이므로, 새로운 '나'가 태어나는 데 속수무책일 것이다. 과거와 현재의 두 시점이 동시에 존재할 수 없겠지만, 카멜레온처럼 변하는 과거의 영상들을 사랑하고자 한다. 지우고 싶은 흔적이나 감추고 싶은 모습을 드러냄으로써 가벼운 마음을 갖고 싶다.

가난한 어린 시절, 그는 지금 어디에 있는가. 그 꼬마가 되고 싶은 흥분이 있기에 부끄럽지 않은 것이다. 지금은 내가 가난을 버렸지만, 가난이 나를 버렸겠는가. 미화된 허상, 자화상 속의 '나'가 '자아'라는 모습 속으로 빠져드는 현재의 감정은 계속 수정되어야 할 것이다. '나'야 말로 진정한 타자가 아닌가. 끝내 내 자화상은 미완성인 채로 '나'를 버릴지도 모른다. 끝없이 발효하는 자화상, 그 속에 '나'와 '타자'가 함께 할 것이다.

비가 내린다. 겨울 문턱의 가을비는 청승맞다. 젖은 낙엽이 된 나는 옷을 벗는 상념에 빠져 촌스러운 가슴을 연다. 수많은 잠꼬대가 서랍 속 잡동사니처럼 튀어나온다. 비를 맞고 있는 저 낙엽. 메아리가 살고 있는 숲을 그리고 있을 것이다. 팔레트 물감이 번지듯, 내 시선이 오래도록 낙엽 주위를 서성거린다. 끝내는 내가 낙엽이 된다.

늙는 일만큼 절박하게 중요한 일이 어디 있겠는가. 한시도, 한시도 정신을 놓아서는 안 되겠구나.

'나는 누구인가.'

오름아리아

오름에는 제주인의 삶이 녹아있다. 오름은 제주섬의 표정이며, 상징이다. 몸과 마음을 한껏 풀어 품어 보고, 안기고 싶은 둥지 같은 곳이다.

오름을 만날 때마다 어린 시절의 추억과 갈등하며 문화적 유배자가 된 듯한 혼란을 겪는다. 반세기 너머의 육지생활은 나를 아득한 추억 속으로 기울게 한다. 여름방학이 끝날 때마다 으레 치르던 깜둥이 대회에서 늘 일등을 차지한 추억의 갈피가 있다. 나는 혹 미국 남부지역을 떠돌며 블루스를 읊던 흑인의 후예였는지도 모른다. 돌담 올레길에서 놀다 지치면 찾았던 오름. 산담을 경계로 패거리 싸움을 일삼던 소싯적 오름자락이 아니다. 그때는 지천으로 깔려 있는 게 오름이어서 귀한 줄 모르고 지냈을 뿐이다.

오름은 제주섬을 창조했다는 설문대 할망이 빚어낸 화엄세계의 법계法界인지도 모른다. 본존불인 한라산을 중심으로 다랑쉬오름, 용눈이오름은 문수보살, 보현보살로 환생하고, 삼백예순 알오름들은 아라한이 되어 제주섬을 지키고 있는 형상이다. 오름의 웅장한 비전은 속세의 일상적 경험에서 벗어나 우주적 깊이와 넓이로 보라고 타이른다. 우주적 환타지로 태어난 오름의 세계는 보는 이의 가슴에 만다라가 되어, 가슴을 뻥 뚫어 놓다가 다시 옥죄며 먼 오름으로 아련히 이어진다.

루게릭을 앓던 침묵의 사진 작가 김영갑은 '보아도 보이지 않고, 들어도 들리지 않으며, 잡아도 잡을 수 없는 그 무엇이 사람을 황홀하게 한다. 오늘도 그것을 깨닫기 위해 초원에 묻혀 산다.'고 말한다. 대자연의 오르가슴을 느꼈다던 그가 병마에 시달린 것은 어쩌면 조물주가 숨겨 놓은 대자연의 선경을 훔쳐보았기에 받은 형벌인지도 모른다.

오름은 거짓을 벗어버린 나신이다. 물오른 중년 여인의 에로티시즘이 노래가 되는 오름. 퍼질러 누운 여인의 처진 가슴은 아무도 달랠 수 없고, 저도 어쩔 수 없이 하염없는 신비의 곡선을 뿜어낸다. 제주어로 굼부리라고 하는 분화구의 흔적을 숨기고 있는 오름에는 정상이 따로 없다. 정상이 깊은 내부인 곳, 산굼부리엔 우우 반벙어리 울음소리가 쐐기문자가 되어 더 깊은 용암동굴로 사라진다. 생명의 근원인 자궁 같은 굼부리. 넓고 깊은 오름 자궁에서 태어난 알오름들이 포물선을 그리며 어머니 오름 뒤로 숨는다. 오름 능선 너머로 또 다른 능선이 손짓을 한다. 그 손짓을 따라 이어도로 향하는 순례행렬은 하늘과 하나가 될 때까지 이어진다. '몽유도원도'와 같은 전설적인 풍경을 품은 오름의 물결이 새로운 오름으로 태어난다.

오름은 언제나 웅숭깊은 침묵으로 보는 이의 가슴을 울렁이게 한다. 바람과 별을 불러들여 한바탕 탱고 춤을 흔든 뒤끝이랄까. 간밤의 소나기가 현현한 저 위의 뭉게구름 한 점, 소리 없는 자연의 절규는 결코 엉큼해 보이지는 않는다. 에로스의 종말은 원래 말이 없는 법일 터이니.

오름에는 천상, 천하 모든 소리가 어우러져 있다. 그 화음은 잠시도 같은 소리를 내지 않는다. 억새소리, 빗소리, 파도소리, 새소리가 아침저녁으로 다르고 기쁨과 슬픔, 장조와 단조가 뒤섞인 엮음소리는 아리아가 되어 능선 따라 평화롭게 흐른다. 바람과 햇살이 부딪혀 빚어 놓은 벌거숭이 오름을 타는 소리의 근원은 대지의 심장 리듬과 공명한다. 두 박자가 변한 엮음소리가 제주의 유토피아인 이어도를 그려내고 있는지도 모른다. 오름의 넉넉한 품자락엔 제주인의 영적 성소인 까만 산담이 드문드문 보인다. 침묵의 세월이 잔설로 덮혀 있고, 이승과 저승이 공존하는 영혼의 메아리가 산담 구멍을 아름답게 갈마들고 있다.

사람들은 오늘도 즐거이 오름을 탄다. 오름을 쓰다듬고자 오름을 찾는 일은 사랑을 위해 사랑을 하고, 고독해지기 위해 고독해지는 일이나 다름없다. 오름에 두고 온 추억을 찾아, 사랑을 찾아, 고독을 찾아 날마다 오르고 오르는 오름인지도 모른다.

노을에 물든 용눈이오름, 세상의 모든 황홀감이 도란거린다. 저 아래에서 밀려오는 알오름들이 밀물처럼 출렁이며 능선 깊이 젖어 든다. 알오름 사이 사이에 방목하는 조랑말들도 테우리와 함께 오름을 닮아 아름다운 선으로 자유롭다. 이쪽에서 보면 저쪽이 행복하고 저쪽에서 보면 이쪽이 행복한 나는 온통 오름이 된 듯하다.

멀리 떠 있는 성산일출봉, '호오이' 해녀의 숨비소리를 내뿜는 우도가 도움닫기를 하며 노을과 함께 오름을 향해 생명의 소리로 다가온다. 이 고요, 이 화음을 어찌 외롭다 할 것인가.

오름을 밟고 난 날은 오름 잔영을 붙들고 뒤척일 수밖에 없다. 오른쪽으로 누우면 왼쪽 귀로 다랑쉬오름이 밀려든다. 왼쪽으로 누우면 오른쪽 귀로 용눈이오름이, 바로 누우면 노꼬네오름이 흥겹게 그네를 탄다.

내 안의 오름이 타이른다. 나의 존재는 나에게 영원한 타자가 아닌가 하고. 미로 속에서 떠돌던 내가 예기치 않게 만난 세계, 오름은 나의 타자가 되고, 나는 오름을 품어 정체불명의 타자가 된다. 끝없이 꿈틀대는 오름 속의 나는 자아의 경계를 허무는 저녁놀 같은 실루엣이다. 나도 모르게 사랑과 영혼의 오름아리아를 변주하고 있는 오늘.

오름에 가자/ 오름이 되자/ 달빛 머금은 나신 옆에/ 드러 눕고 싶다./ 나를 버리고 싶다// 내가 살았던 동문통 언덕배기/ 오름이었구나 / 그렇지,

고전의 노예가 되어

붉은 외투를 입은 플라톤이 오른손으로 하늘을 가리키고 있다. 아리스토텔레스는 푸른 망토를 입고 일상의 삶에 관심을 표현하는 듯 땅을 가리키는 자세를 취하고 있다. 라파엘로의 〈아테네 학당〉은 플라톤의 이상세계와 아리스토텔레스의 현실세계가 화면 전체를 꿰뚫고 있는 그림이다.

'예술은 자연의 모방이다.'라는 아리스토텔레스의 말을 깨우치지 못해 헤매고 있다. 관념 속에 머물고 있는 플라톤의 이데아를 모방한 현상의 세계가 자연이고, 이를 모방하는 게 예술이라는 해석을 달달 외우기만 할 뿐이다. 자연은 예술처럼 보일 때 아름다우며, 예술은 자연처럼 보일 때 더 아름답다고 했던가. 모방한 것을 모방하고, 또 모방하면 원형의 세계, 이데아는 어떻게 되는가. 자연을 재해석하면서 모방하되 인위적이 되지 않게 하라니 이건 또 무슨 얘긴가.

알고 싶어도 깨우칠 수 없는 불교의 공空 사상과 노·장자老莊子의 무無 사상. 모든 존재에는 실체가 없다는 공 사상이 나를 텅 비게 한다. 공즉시생空卽是生, 색즉시공色卽是空은 조금 알 듯한데, 실체가 없다면서 진공묘유眞空妙有는 또 무엇인가. 마음을 다잡고 자성自性을 붙잡으라는 말인 성싶은데, 실체가 없는데 무슨 자성이 있다는 것인지 머리가 하얘져 버린다.

노·장자의 무도 나를 혼란스럽게 하기는 매한가지다. 있음도 없음도 아닌 비유비무非有非無라니 이건 또 무슨 말인가. '기氣가 만물을 생기生起시킨다. 기는 물질有이면서 동시에 구멍無이다. 진공은 기가 흩어진 것이며, 입자有는 기가 모인 것이다.'라고 하는데 이건 또 무슨 소린가. 허공이 있어야 나도 우주도 존재한다는 뜻인가.

공空과 무無라는 무한개념을 붙들고 방황하고 있는 나는 조금씩 개념 사다리를 만들어, 올라간 사다리를 버리면서 무아無我를 위한 수련으로 살아갈 수밖에 없음을 알 것도 같다. 삿된 생각에서 방황하는 마음을 다스려 수련하는 시간을 붙들어야 할 텐데, 공空한 마음일 따름이다.

깨달음이 없는 속인이 공과 무를 생각한다는 자체가 죄업을 쌓는 일일 성싶다. 어린 시절, 처마 끝에서 떨어지는 빗방울이 작은 고랑을 내며 마당을 가로질러 도랑이 되고, 개울이 되어 바다에 닿는 걸 보고 생각하며 키도 마음도 자랐듯이, 공과 무에 조금씩 부딪치는 낙숫물이라도 될 수 있을런가. 공과 무는 나의 몽매한 지식으로는 영원히 풀리지 않을 화두가 될 것 같다.

단테는 로맨스의 챔피언이란 생각이 〈신곡〉을 펴 들 때마다 마음 한 구석을 차지한다. 지옥, 연옥을 지나 천국편에서 대담하게도 그리스도의 자리에 사랑하는 여인, 베아트리체를 앉힌다. 신의 사랑을 종교나 학문이 아닌 여인으로 대치시키고 있다. 신성과 인성을 동시에 지닌 그리스도를 경배하는 표정으로 베아트리체에게 사로잡힌 시선은 허무주의에 빠진 나약한 인간을 구원코자 한 시도인지도 모른다. 지극한 사랑은 신이 되는가. 고전이 세상을 해독하고 삶의 멘토로서의 가치가 변하지 않음을 알 것도 같다.

'신은 죽었다.'고 말한 니체가 망치를 들고 불쑥 튀어 나온다. 신이 죽었다니, 섬뜩하다. 기독교의 신이 창조와 심판의 주체였다면, 이제는 인간이 창조와 심판의 주체적 역할을 해야 한다는 것이요, 형이상학적 사유가 만든 허구의 가치가 무너졌다는 뜻으로 읽힌다. 기독교의 신만이 신이겠는가. 인간을 노예로 만드는 국가권력, 사회관습, 자본주의 같은 일체의 권위를 신으로 여길 경우, 니체의 사자후는 그 의미가 심오하게 다가온다.

'안이건 밖이건 만나는 것은 무엇이든지 바로 죽여 버려라. 부처를 만나면 부처를 죽이고, 조사를 만나면 조사를 죽이고,

나한을 만나면 나한을 죽이고, 부모를 만나면 부모를 죽이고, 친척을 만나면 친척을 죽여라. 그렇게 한다면 비로소 해탈할 수 있을 것이다.' 니체보다 훨씬 이전에 임제 선사가 한 말이다. 임제가 죽이라고 한 것은 타인의 권위에 귀속되어 있는 노예 의식이 표적이요, 내면화된 일체의 노예의식에서 벗어나라는 얘기일 것이다. '어느 곳에서나 주인이 된다면 자기가 있는 그곳이 모두 참되다隨處作主 立處皆眞'는 여덟 글자가 남의 눈치 보며 살아온 나에게 죽비가 되고 있다. 깨달음을 얻었다는 스님마저 아침에 일어날 때마다 자기 가슴을 두드리며 '주인공, 잘 있는가.'라고 외쳤다는 이야기가 우매한 나를 붙들고 매를 든다. 비겁함과 두려움을 떨쳐내고 하루라도 주인으로 살아보라고. 하루쯤 페르소나를 벗고 내가 나의 주인공이 된다는 생각만으로도 가슴이 벅차고 뜨거워진다.

오래된 이불 같은 고전은 수많은 언어를 품고 나에게 말을 건다. 어제도 오늘도 고전의 노예, 그 노예의 노예가 되어 사는 삶. 알아야 할 것, 깨우쳐야 할 게 너무 많아 불편할 겨를이 없다. 고전은 '책은 얼어붙은 감성을 깨는 도끼가 되어야 한다.'는 카프카의 말을 뛰어넘는다. 고전은 얼어붙은 감성만이 아니라 몽매한 지성까지도 발칵 뒤집어 놓기 때문이다.

나와 함께 몇 권의 고전이 있다는 사실, 이게 행복인지도 모른다.

이상한 미학, 거짓말

"정말이예요?", "참말이야?", "진짜가!".

무슨 얘기를 듣고 아이, 어른 할 것 없이 참말이냐고 되묻는 소리다. 반쯤은 버릇으로, 반쯤은 의심이 들어 확인하려는 것일 게다. 우리는 알게 모르게 거짓말과 함께 살고 있거나 불확실하고 거짓이 많다는 걸 반증하는 얘기가 된다. 우리는 종종 목소리 큰 거짓말이 참말을 휘둘러 밀어내는 경험을 지켜보곤 한다.

가끔 돼지국밥집을 찾는데 간판 이름이 영 혼란스럽다. 원조가 붙기도 하고, 왕원조를 내걸기도 한다. 그러려니 하면서도 원조집에 들러 주인아줌마의 걸쭉한 입담을 즐기며 허기부터 달랜다.

온천 여행을 할 때도 당황스럽기는 매한가지다. 헷갈리는 간판들을 헤집고 다니다가 허름한 '원탕' 집에 찾아든다. 어디 이뿐인가. 가짜 참기름이 판을 쳐서 그런지는 몰라도 '순·진짜·참기름집'이라는 간판이 야릇하게 다가온다. 참기름이면 될 것을 '순'과 '진짜'라는 접두어를 붙여야 되는 판국이니 세상이 살벌하기까지 하다. 자주 참기름을 짜시던 어머니가 생각난다.

총선이 끝나자마자 비례대표 헌금 따위의 부정 사례가 불거져 연일 매스컴을 떠들썩하게 하고 사람들의 마음을 무겁게 하고 있다. 포토라인에 선 정치가의 일성은 으레 '전혀 모르는 일'이라고 잡아떼는 일부터 시작한다. 심지어는 '양심선언'까지 동원하며 거짓말을 일삼는 모습을 한두 번 보아온 일이 아니라서 이력이 난 국민들은 권태롭기까지 하다. 권모술수가 정치의 생명이라지만 그나마 나라가 굴러가고 있는 걸 보니 순·진짜·국회의원이 있기는 있는 모양이다.

국가권력도 거짓말이라는 가면 속에서 횡행한다. 위안부 문제를 보더라도 그렇다. 전쟁 노예로 끌려간 사람이 두 눈 뜨고 살아있는데도 증거가 없다고 발뺌하기에 바쁘다. 유엔·미하원위원회·유럽의회도 일본의 위안부 강제 동원을 인정하고 있지 않은가. "우리는 아직도 해방을 맞지 않았다."는 할머니들의 절규. 돈 벌려고 스스로 나섰다면 평생토록 억울함을 호소하겠는가.

거짓말의 역사에는 종교도 예외가 아니다. 중세기 종교전쟁 중, 사회적 위기를 초래한 것은 악마의 소행이라는 미명 하에 자행된 마녀사냥. 집단적 히스테리 속에서 공포에 휩싸인 여인들은 자신이 마녀가 아니라는 것을 증명하기 위해 가까운 친구나 이웃을 마녀로 지목했다. 거짓말이 꼬리를 물어 수십만 명이 마녀로 몰려 처형되는 일이 발생한다. 거짓말은 시공간을 초월한 치유 불가능의 악성 바이러스 같다.

햇병아리 총각 교사시절의 일이다. 내가 담임하고 있는 학생들의 키와 몸무게를 정확히 측정하여 통계를 내고 상급관청인 교육청에 보고했다. 퇴짜를 맞고 검산해 보니 틀림이 없어 그대로 보고했더니 또 퇴짜다. 작년 통계치보다 키가 작아지고 몸무게가 줄었기 때문이다. 선배 교사가 통계는 원래 그런 것이라며 작년 수치 보다 조금 늘려 보고하라는 것이었다. 통계가 새빨간 거짓말보다 상위 개념이라는 사실은 오랜 시간이 지나고서야 나도 모르게 체득한 이상한 교훈이었다. 긴 세월 아이들에게 사랑과 진실을 가르치다가 자연인이 된 지금, 오히려 아이들이 나에게 진실과 사랑을 가르쳐 왔음을 절감하고 있다.

사범학교 시절은 4·19와 5·16이라는 거대한 소용돌이가 몰아친 혼돈의 시대였다. 4·19 당시 교사에 대한 불만 표출이 5·16엔 학생 탄압의 분위기로 바뀌었다. 이유야 어떻든 사소한 시비거리가 불거져 집단 폭력 주동자라는 올가미가 쓰여 끝내는 한 달간 '유기정학'이라는 족쇄를 채우고야 말았다. 젊은 혈기에 정학처분이 크게 문제될 건 없었으나 홀어머니를 볼 면목이 없었다. 학교 간다면서 산으로 바다로 갈 수밖에 없었다. 긴 시간 어머니에게 거짓말을 하기가 그렇게 괴로울 수가 없었다. 내가 산에 간 줄 모르고 친구들이 위로한답시고 집에 찾아 왔을 때 어머니는 얼마나 황당했겠는가. 그래도 어머니는 늘 그랬듯이 침묵으로 일관하셨다. 지금도 그때 일을 생각하면 가슴이 파래진다.

쇠고기 파동으로 인한 촛불 집회가 계속되던 어느 날, 나도 모르게 그 집회에 있을 딸애에게 전화를 걸었다. "얘야, 제발 앞장서서 청와대엔 가지 말거라." 어디서 들은 것 같은 노래 속에 "왜요?"라는 대답이 돌아온다. "그냥, 여긴 대한민국이니까." 사범학교 시절의 내 모습이 떠올라 그날은 하루 종일 우울했다.

어머니를 속인 일이 또 있다. 장가가는 걸 포기하고 있던 삼십대 중반의 내가 마음속으로만 동학년 여교사의 손목을 잡고 내달리던 상상을 하면서 어쭙잖게 데이트 하던 시절의 이야기다. 친하게 지내던 선배교사가 막무가내로 충무동 조일철학관으로 나를 끌어들였다. 궁합이 영 맞지 않으니 당장 끊으라는 바리톤 소리가 들렸다. 오기가 발동한 나는 "선생님, 궁합이 잘 맞도록 여자의 생일과 생시를 바꿔 주십시오." 평생을 미신을 벗삼아 살아오신 어머니 마음을 움직이기 위한 비상수단인 셈이었다. 그렇게 생일이 바뀐 여자가 지금의 내 아내다. 한 집에 살면서 아내의 생일이 다르다는 걸 몰랐을 리 없지만,

어머니는 끝내 무거운 침묵으로 일관하셨다. 어느 날 아내에게 묻는다.

"여보, 내 사주가 아주 좋다는데 왜 여태 가난한 거지? 혹시 당신과의 인연 때문에…."

"에헤, 사주가 좋길래 내 같은 사람과 결혼한 줄 아소."

한 마디로 잘라 버린다. 이젠 내가 어머니처럼 침묵할 차례다.

습관처럼 거짓말을 게워냈던 입을 헹구고자 치약을 한껏 짜내고 칫솔질을 한다. 봄눈이 얇게 덮인 마을을 떠올린다. 눈 덮인 세상은 경계가 없다. 시궁창인지, 쓰레기더미인지, 화단인지 도통 보이지 않는다. 내 안의 의식, 늘 거짓에 가깝다는 것을 안다. 한 번도 사랑하지 않은 사람이 사랑하듯, 거짓말 못하는 사람처럼 거짓말을 했던 부끄러운 기억들이 죄의식처럼 돋았다가 금세 손사래 치며 달아난다. 칫솔질이 끝나 버리면 입술에 매달린 거짓말이 흰 거품이 되어 튀어나올 태세다. 이성적인 의지로 얼마나 눌러 삼킬 수 있을는지, 거짓 생각이 우물거린다. 칫솔질을 계속한다.

평범한 사람도 의식적이든 무의식적이든 하루에 일곱 번 이상 거짓말을 한다는 통계도 있다. 그래서인지 거짓말을 호위하는 형용사가 많다. 선의의 거짓말, 하얀 거짓말, 부끄러운 거짓말, 가벼운 거짓말, 따뜻한 거짓말. 아름다운 거짓말에 이르면 현기증이 날 정도다. 비겁하게 거짓말로 위장한다는 생각에 거울을 본다. 타인으로 살다가 무대에서 내려오는 극중 캐릭터처럼 개념 없는 사람이 나를 보고 있다.

아들 청개구리의 거짓말에 길들여진 청개구리 어미의 "내가 죽거든 개울가에 묻어라."는 비극적 유언. 개굴, 개굴, 청개구리 형제의 울음소리는 어미의 거짓말이 통곡으로 변한 것이겠다. 거짓말, 거짓말 속의 거짓말, 거짓말 속의 거짓말 속의 거짓말. 한 번의 거짓말은 그 거짓말을 정당화하기 위하여 끊임없이 거짓말을 만들어 내게 된다. 거짓말은 거짓말을 끝없이 복제한다.

인간에게 거짓말은 원초적인 본능인지도 모른다. 어쩌면 일 년 열두 달이 만우절이니 이제는 만우절이 아니라 '진실의 날'을 만들어야 한다는 생각이 설핏 스친다. 진실이란 말이 튀어나오니 거울 속에서 멋적게 웃고 있는 모습이 보여 칫솔질을 멈춘다. 푸아 푸아, 새빨간 거짓말이 분홍색 거품이 되어 목구멍을 넘다가 아래턱으로 흘러나온다.

거짓말과 진실의 차이는 어디에 있는 것일까. 거짓말이 커다란 상실감을 주기도 하지만, 진실 또한 큰 불편이나 분란을 가져올 수도 있다. 진실만을 가지고 살 수 없어 거짓을 껴안고 살아갈 수밖에 없다면 진실에도 웃고 거짓에도 웃는 그런 삶이 필요할는지도 모른다.

거짓말의 뿌리는 쉽게 뽑힐 성싶지 않다. 사람들은 과거 종속적 사고방식에 젖어 살기에 참말을 하는 사람에게 강한 반감을 갖기 쉽다. 전통을 굳힌 전통적 거짓말에 익숙해 있기 때문이다. 그렇다면 어떻게 해야 할까. 그것은 허황된 생각을 과감히 벗어던지고 자신이 맡은 일에 충실할 때 작은 행복이 스며들어 거짓말이 끼어들 틈이 생기지 않을 것이다. 농사꾼이 옷과 손에 흙을 묻히고, 카센터 정비사가 기름때 옷을 입고, 분식집 주방장이 밀가루를 묻히는 일은 부끄러움이 아니라 자랑스러움이다. 부끄러움에는 거짓말이 영락없이 따라 붙는다.

흔히 선의의 거짓말에는 쾌히 동의한다. 암환자의 충격을 막기 위한 거짓말, 적군의 포로가 되었을 때의 거짓말, 좌중을 웃기기 위한 거짓말 등. 그렇더라도 거짓말이 참말이 될 수는 없다. 암환자를 위한 거짓말이라 하더라도 적당한 기회에 본인이 알아야 할 진실을 말해 주는 것이 옳은 방법일 것이다. 삶은 그 누구도 아닌 본인만이 책임질 일이잖은가.

'임금님 귀는 당나귀 귀'라고 참말을 하고 싶은 게 인간의 욕망이다. 참말이 담긴 비판은 사람을 살릴 때가 많지만 거짓말로 얼룩진 험담은 사람을 죽일 때가 많다. 폭염 한가운데 끼어 있는 입추가 거짓말 같기도 하지만 가을을 예고하는 선지자임은 틀림없다.

거짓말을 했기 때문에 행복한 사람이 어디 있겠는가. 내가 살아남기 위한 거짓말이 아니라, 진정 다른 사람을 사랑하는 마음에서 우러나오는 그런 거짓말쟁이가 많았으면 싶다.

거짓말이 촘촘히 박힌 나의 일기장, 거꾸로 세워 참깨를 털 듯 고해성사를 하면 어찌될까. 그건 나를 비워버리는 일이겠지.

나는 오늘도 거짓말 속에서 거짓말을 하면서 참말처럼 살려고 버둥대고 있다. 철들자 늙는구나.

틈

틈
틈 틈
틈 틈 이
틈 을 찾 아
틈 이 되 고 자
틈이 있어야 생명이 태어나고 사랑이 자란다
사람과 사람 사이에도 이승과 저승 사이에도
틈 이 되 어 서
틈 새 끼 리
틈 내 어
틈 틈
틈

투명 물컵에 빨간 물감 한 방울 떨어뜨려 본다
사람과 사물 사이에도 사물과 사물 사이에도

큰 딸 아이의 방에 걸려 있던 서당 그림이, 지금은 내 서재에 걸려 있다. 그림 속엔 옥구슬 꿰듯 책 읽는 소리가 둥그렇게 앉아 있고, 바짓가랑이를 걷어 올린 학동이 엉거주춤 서 있다. 갓을 쓴 훈장의 시선이 인자한 듯 매섭다. 딸에게 틈을 주지 않기 위한 나의 음모를 지금은 눈치 챘을 것이다. 어느새 어른이 된 딸이 내 서재에 들를 때마다 내가 바짓단을 올리는 기분이 든다.

대형마트 계산대 앞에 카트를 밀고 있는 사람들이 길게 늘어서 있다. 바코드를 찍는 점원의 손과 눈이 기계가 되어 신용카드를 줄기차게 긁고 있다. 디지털 문화가 가져온 가격 합리주의, 정찰제는 우리의 전통문화인 에누리, 덤이라는 여백을 하나 둘 앗아가고 있다. 그래서 나이든 사람들은 틈틈이, 자투리, 덤이 살아있는 재래시장을 찾아 향수를 달래고 있는지도 모른다.

"참, 훌륭하도다. 기술이 어찌 이런 경지에 이를 수 있는가?"

소를 잡은 포정庖丁에게 문혜군文惠君이 한 말이다.

"제가 귀히 여기는 것은 도道입니다. 기술을 넘어선 것입니다. 제가 처음 소를 잡을 때는 눈에 보이는 것이 온통 소뿐이었으나 삼 년이 지나자 소가 통째로 보이지 않게 되었습니다. 하늘이 낸 결을 따라 큰 틈새에 칼을 댑니다. 소의 뼈 마디에는 틈이 있고, 칼이 뼈 마디로 들어가니 텅 빈 것처럼 넓어 칼이 마음대로 놀 수 있는 여지가 생깁니다. 그래서 십구 년이 지났는데도 칼날이 이제 막 숫돌에서 갈려 나온 것 같습니다."

장자莊子의 포정해우庖丁解牛에 나오는 이야기이다. 도道 앞에서는 누구나 평등하고, 더 나아가 기존의 질서가 뒤집히고 있음을 본다. 자신을 완전히 잊은 망아忘我, 무아無我, 허심虛心의 상태에서 소가 본래부터 갖고 있는 결이 툭 트인 듯 보이고, 그 결에 따라 칼을 자연스럽게 움직일 뿐, 결코 인대나 힘줄, 뼈를 건드려 본 일이 없다는 포정의 말. 백정이 '틈'을 '도道'로 환치시켜, 임금이라는 절대 권력 앞에 상식을 뒤집고 참되게 사는 방법을 가르친 셈이다.

틈은 아름다움이다. 비어 있음은 허무나 고통이 아니다. 고요함이며 아름다움이다. 돌과 돌 사이를 사뿐히 건널 수 있는 징검다리, 음표 사이의 숨표 같은 살아 있는 웅숭깊은 침묵이다.

선비들이 만든 서원이나 정자는 자연을 끌어들이는 창조적 공간인 자연이다. 그 공간에 변화하는 자연의 아름다움이 깃들어 있다. 밀양 영남루엔 소나무 숲을 끌어들이는 잔잔한 밀양강의 아름다움이 있다. 안동 병산서원의 만대루에는 낙동강의 유장한 모습과 깎아지른 절벽인 병산의 카랑카랑한 기품이 서원 앞마당에서 선비들과 노니는 듯한 은근한 감회에 젖는다.

틈은 영혼이다. '인디언들은 말을 타고 달리다가 가끔 말에서 내려 뒤를 돌아다 본다. 너무 빨리 달려서 혹시나 뒤따라오지 못하는 자기 영혼을 기다리기 위해서.'

숲 속의 나무들은 홀로 서 있는 듯하지만 틈이 있어 더불어 숲이 된다. 그동안 나는 남을 배려하는 여유 없이 멋없이 달리기만 했다. 틈이 없었기 때문에 영혼을 기다릴 틈조차 없었지 싶다. 서면 지하도에 바쁘게 오가는 사람들처럼 숲이 되지 못한 외톨이 나무였던 나를 본다.

틈은 생명이다. 사람의 발길이 뜸한 보도블럭 틈새엔 어김없이 새 생명이 자리를 잡는다. 민들레가 노란 꽃을 피우는가 하면 잡초도 자라고 개미도 들락거린다. 토기 항아리가 숨을 쉬고, 창호지 문엔 햇빛이 드나들고, 한국화의 여백에선 물에 젖은 달이 노닐지 않던가.

소설가인 친구가 이메일을 보내왔다. 내가 쓴 '자유인이 되고자'에 대한 이야기가 두 쪽에 걸쳐 단편 소설이 되고 있었다. 긴 글의 요지는 '수필 장르에 걸맞지 않다. 칼럼 같은 글이다. 자유인에 대한 심정 표출이 너무 껄끄럽고 길어서 숨이 막힌다' 등이었다. 답장을 하면 두고두고 후회할 것 같아서, 금세 달아나버릴 전화로 얘기했다. "야야, 고맙다. 그런데 장르 운운하지 말라. 하이브리드시대 아닌가. 차라리 네가 써서 보여 달라." 잠자코 듣고 있던 친구가 "난 수필 쓸 자신이 없어. 수양이 덜 됐거든. 당장 만나서 소주 한 잔 하자."며 너스레를 떤다. 끝내 그도 웃고 나도 웃으며 약속 장소로 간다. 그의 말 중에 '숨이 막힌다'는 경고등이 죽비가 되어 나를 붙든다. 우정 어린 충고는 엄청난 보약일 텐데. 내가 완전히 졌다. 친구의 본심이 달아나기 전에 얼른 만나야겠다는 생각에 발걸음을 종종거린다.

글을 쓸 때마다 알면서도 어쩌지 못하는 버릇이 있다. 좀생이 같은 마음을 떨쳐 내지 못해 세상을 붙들고 촘촘하게 써야 마음이 놓인다는 사실이다. 헐렁한 바지를 즐겨 입듯, 글도 지나친 의미, 수식을 벗어나 조금 성글어야 숨을 쉬고, 오래 음미할 맛이 날 것이다. 장자에서 읽는 포정의 칼처럼, 틈과 틈 사이를 흐르는 마음을 익혀야겠다.

지구촌을 뜨겁게 달궜던 월드컵이 오늘 새벽 끝이 났다. 브라질에서 열린 월드컵, 긴 시차 때문에 한 달여의 낮과 밤이 지워져 버려 온 전신이 축 처져 버렸다. 바람 빠진 축구공처럼. 틈새에서 사는 게 인간 아니던가. 하늘과 땅 사이의 공간, 산과 산의 골짜기, 이 집과 저 집 사이의 골목, 추억과 추억 사이의 후렴, 낮과 밤사이의 어스름, 월드컵과 월드컵 사이에서 숨고르기를 하면서. 월드컵과 올림픽이 매년 열리지 않는다는 사실, 얼마나 다행스런 일인가.

산책길에 잠시 쉴 틈을 찾아 벤치에 앉는다. 벤치 가운데

앉은 내가 옆으로 비켜 앉으니 다른 사람이 앉는다. 다시 옆으로 비켜 움직였더니 또 한 사람이 앉는다. 내 몸이 조금 움직이니 세상이 밝아지는 것 같았다. 나와 다른 사람에게 기쁨을 안겨 주고 있었다. 나는 가볍게 베푸는 사람이 되었다.

세상의 모든 존재 이유는 틈이었구나.

구름이 쑤군거리다

길 잃은 작은 새 한 마리가 허공이 될 때까지 하늘을 가르며 구름 속을 헤집는다. 나는 새가 되어 뒤쫓는다. 숨바꼭질 끝에 내 몸을 뜯어 먹은 새가 바위에 내려앉는다. 바위 옆 노송 껍데기가 앙상한 내 몰골이 되는 이상한 꿈이었다.

창공에 포물선을 그리며 새처럼 날아가는 하얀 공, 관중석의 함성이 홈런을 따라 가는 야구의 계절이다. 티브이 화면은 연일 야구로 흥겹다. 홈런은 보는 사람을 신명나게 한다. 하늘의 포물선을 포착한 화면은 때로 구름 속에서 솜사탕 같은 뭉개구름을 끌어온다.

구름은 변화를 즐기는 보헤미안이다. 자유주의자, 무정부주의자 같은 관록을 갖기도 한다. 일상에 지친 사람들은 때로 구름과 같은 자유를 누리고자 젊은 한 때 청운靑雲의 꿈에 부

푼다.

구름은 날씨를 좌지우지하는 관상대가 된다. 저녁 아홉시 뉴스 뒤의 구름 모습이 내일을 알린다. 사람이 내일을 보다니, 우스운 일이기는 하다. 어긋난 일기예보에 천둥소리가 공허하게 느껴질 때도 있다. 온실가스에 찌든 구름이 비가 됨을 어찌 알겠는가. 구름속 사람들이 구름을 피해 달아나는 모습이 구름을 닮았다.

사람이 살아가는 것은 옷갈아 입기란 생각이 든다. 세상에 태어나면 배내옷을 입고, 성인이 되면 혼례복, 일상복을 입고 지내다가 끝내는 삼베 수의를 입는다. 구름도 계절 따라 이름을 달리하며 지낸다. 봄에는 뭉개구름, 여름에는 먹구름, 가을에는 새털구름이라는 이름을 단다. 겨울에는 어김없이 우중충한 잿빛으로 하늘을 채워 놓는다. 사람들은 구름의 변화가 인생의 변화임을 알면서도 지나치기 일쑤다.

하늘의 구름만이 구름은 아니다. 때로 내 안의 구름이 나를 다스리는 약이 되기도 한다. 꿀꺽 삼키면 통증이 싹 사라지며 마음이 가벼워진다. 그런데 통증이 없인 살 수 없어 통증을 맛보고자 다시 구름을 끌어들인다. 구름이 나를 지배하고, 나는 구름을 지배하는 반복이 내 안에서 소용돌이를 친다.

김창열 화백의 물방울 그림을 본다. 그 속에는 물방울, 얼음 알갱이를 먹고 사는 구름이 정좌하고 있다. 물방울은 세계를 가로지르는 영롱한 미학이다. 물방울 속에 그리움이 있고, 기뿜이 있다. 물방울의 원조인 구름이 있어 공空의 세계, 무無의 세계가 된다. 화백의 하얀 수염이 구름을 씹고 되씹어 반추함으로써 결코 썩지 않는 흙내음처럼 풋풋한 물방울을 만들고 있다.

황혼녘 노인이 구름을 보며 흰머리를 날린다. 구름이 왜 불붙는지, 노을이 왜 등황색으로 현란하게 밝은 지를 안다. 욕심 없이 자유의 영혼으로 변화하는 구름의 일생을 자신과 동일화시킨다. 인생은 시시각각 변화하는 구름같이 불가해한 것임을, 구름 속의 보헤미안이 자신이었음을, 뜬구름 같은 남가일몽이 인생이었음을 깨닫고 회환에 잠긴다. 구름의 은유가 인생이라며 구름이 되어 하늘에 잠기고자 한다.

아내여, 높은 산 중턱에 걸려 있는 구름은 얼마나 멋진 모습이던가. 자신의 모습을 쉼 없이 바꾸는 구름은 얼마나 자유롭던가. 이제 모든 것 벗어 버리고 구름처럼 변화를 좇아 살아볼거나. 저 산에 걸려 있는 면사포구름을 보며 다시 한 번 웨딩마치 따라 걸어 보면 어떨는지.

딸애야, 상큼한 아침에 하늘 높이 흐르는 구름을 보거라. 구름의 향기를 맡으며 구름의 소리를 듣고 구름의 색깔도 품어보거라. 구름을 가슴에 안고 구름처럼 훨훨 날아 보려무나. 하늘 풀밭 속에 푹 빠져 버리기도 하거라. 아예 구름이 되어 버리거라. 그리하여 진정한 자유인이 되어 보거라. 아빠도 구름 속에서 이런 저런 형상을 찾아 자유롭게 조각구름을 맞추기도 하면서 뒤척이던 때가 있었거든.

오랜 직장생활을 마치던 날, 정년방명록에 한 지인이 '그대, 자유인이 됨을 축하하오.'라는 글귀에 배시시 웃었던 기억이 새롭다. 그래 나는 이제 자유인, 구름이 되었다며 가슴 설렜던 일도 벌써 몇 년이 구름처럼 흘러가 버렸다.

무심히 떠가는 저 구름, 내일은 또 다른 구름이 되어 떠다닐 것이다. 변해야 산다고 했다. 무엇이 변화이고, 무엇이 삶이던가. 아니 구름이던가.

'구름이 구름이 하늘에다/ 그림을 그림을 그립니다/ 노루도 그려 넣고/ 토끼도 그려넣고…' 아이들의 동요가 나를 구름이 되게 한다. 그래 그동안 나는 구름이었다.

아, 내 안에 구름이 있는 줄 모르고 구름을 좇아 놀빛구름을 보고 있었구나.

아름다운 신神, 어머니

모든 사람들에게 어머니는 특별한 존재이듯 내 어머니도 마찬가지다. 작은 기쁨마저 안겨 드린 적이 없는 것 같아 더욱 그렇다.

어버이날, 어머니 가슴에 카네이션 한 송이 달아드린 기억도 별로 없다. 어머니 가슴에 박힌 못을 뽑고 붉은 카네이션을 달아드릴 어머니가 없다. 사랑을 받을 줄은 모르고 주기만 했던 바보 같은 어머니 가슴이 너무 넓고 깊어 꽃을 달아드릴 곳을 찾지 못해서였는지도 모른다.

나에게 어머니가 특별한 존재가 되는 이유 중 하나는 미신迷信에 대한 어머니의 믿음이 지금껏 나를 붙들고 있기 때문이다. 어머니의 미신은 의식주, 생활 그 자체였다. 나의 분별심은 늘 미신 속의 어머니를 미워하고 있었다. 어머니를 사랑할 수 없다는 것은 무서운 일이다. 분별심은 지혜일까, 사랑일까, 풀리지 않는 숙제다.

미신을 만들고 사랑하는 어머니의 그늘 속에서 난 미신을 파먹고 사는 쉬파리였는지도 모른다. 지금도 어머니의 미신은 나를 불꺼진 취조실을 거닐게 하고, 그 그림자는 끈덕지게 따라오는 낮달이 되고 있다.

청상과부이셨던 어머니에게 미신은 친구요, 때로는 유일신이었으며 사랑의 다른 이름이었다. 어머니의 특별한 모습은 질긴 담쟁이덩굴이 되어 미신 속으로 나를 끌어들이고 있다.

– "동남쪽으로 가지 마라."

내가 다니는 직장이 동쪽에 있는데 어떻게 할 것인가. 현관문을 나서자 말자 서쪽으로 서너 걸음을 걷고 나서 뒤돌아 나와 동쪽을 향해 걸어간다. 이런 나를 보고 사람들은 별일이라며 고개를 갸웃거렸을 것이다.

– "사진 찍을 때 세 사람이 찍으면 가운데 사람이 죽는다."

어머니, 나, 동생 셋이서 찍은 사진 속에는 동생 손에 인형이 들려 있게 마련이었다. 다 큰 남자인 동생 얼굴이 찌부러질 수밖에 없었다.

– "길을 가다가 돌부리에 오른발이 채이면 재수 없으니 조심하거라."

어머니의 걱정이 현실이 되어 돌부리에 오른발이 채이면 할 수 없이 돌멩이를 찾아 왼발로 차게 된다. 길 가던 사람들이 깜짝 놀라던 모습이 당시에는 매우 난처한 일이었으나 지금은 아름다운 추억으로 남아 있다.

– "오늘은 물 종류는 두 컵이상 마시지 마라. 병원에 가게 된다."

두 컵이란 말에 구속되면서도 해법 찾을 궁리를 한다. 그래 오늘은 한 잔씩만 마실 것이다. 2홉들이 소주를 대접에 가득 부어 넣고 마신다. 또 한 잔. 소주 두 병을 마시고 나면 술에 취해 연속으로 마시게 된다. 병원에 갔던 기억은 없지만 숙취 때문에 고생했던 경험이 자주 있었다.

– "될 수 있으면 보라색을 만지거나 보지도 마라."

'될 수 있으면'이라는 조건이 붙긴 했지만 참 괴로운 날이다. 학교에 제일 먼저 출근하는 습성이 있어, 사무실에 도착하자마자 하얀 커튼부터 열어젖힌다. 아침 햇살이 보라색 같아 보여 열었던 커튼을 황망히 닫아버린다. 분홍색 파일 위에 녹색 서류철을 올려놓는다. 이제 마음이 편안하다.

퇴근 후에는 보랏빛 저녁놀을 피하기 위해 술좌석을 마련한다. 어머니는 가끔 주신酒神 디오니소스가 된다. 오늘은 마냥 기분이 좋다. 나는 보라색 옷을 좋아 한다. 어머니의 보라색에 대한 계시의 역설인지도 모른다.

온통 미신으로 버무려진 모성에 맞부딪칠 여력이 없는 나는 스스로 면역력을 키울 수 에 없었다. 파편 같은 미신 조각들이 무섭게 반짝이며 나를 붙들고 있었다. 내 체내에 스며든 미신의 경련이 낙숫물처럼 마음을 뚫어 나가는 동안 이상한 휴식의 공간을 마련해 놓았는지도 모를 일이다. 나를 만들어낸 나의 세계엔 어머니의 미신이 크게 자리 잡고 있다. 지금도 나는 어머니가 그토록 사랑했던 미신이란 메타포 속에서 살고 있다. 채찍보다 무서운 자발적인 복종이 이루어진 것인가. 어머니는 나를 만들고, 나는 어머니를 회임하고 살아가고 있는 것이리라. 어머니를 포옹하고 싶다. 어머니를 안은 나에게서, 어머니에게 안긴 나를 만들고 싶다. 나는 어머니다.

긴 세월이 흘렀어도 어머니는 변함없이 내 가슴을 관통하고 있다. 피아니스트의 손가락이 허공에서 현기증을 일으키듯, 허공에다 가슴 저리는 어·머·니란 삼박자 음표를 찍어 놓는다. 눈을 감고 풍선처럼 삼박자를 따라 다닌다. 숨이 가쁘다.

피아니스트의 현기증이 손가락의 신민이듯, 나는 어머니란 삼박자의 신민이 된다. 연주자와 청중 사이에 불가해한 침묵이 흐르듯, 어머니와 나 사이엔 울림과 떨림이 섞인 하얀 문양이 흐른다. 아름다운 미로를 헤매고 있는 오늘의 현기증은 가끔씩 잠자리에서 나를 뒤척이게 한다.

어머니의 미신에 대한 경이로움은 이성으로 답을 찾는 일이 아니다. 신화처럼 견고한 어머니의 믿음은 나에게는 선택의 몫이 아니다. 이성을 뛰어넘는 감성적 확신이 숨어 있었음을 알 것도 같다. 어머니의 신화는 아직도 면면히 나의 내면을 흐르고 있다. 어머니의 미신은 내 온몸을 빨아들였던 블랙홀이다. 미신에 감염된 나를 볼 때마다, 어머니는 미신의 현현顯現이란 생각이 든다.

미신迷信에 수장된 어머니의 그림자는 늘 내 곁에서 아름다운 신, 미신美神이 되고 있다. 꿈에서나마 어머니를 불러내어 손을 잡고 레드 카펫 위를 나란히 걷고 싶다. 어머니의 어리둥절한 모습을 보고 싶다.

백비白碑

토벌대원 : 야, 빨갱이 새꺄. 죽창 빨랑 내려 놓우라야. 쏴 죽이기 전에.

무장대원 : 야, 임마. 내가 왜 빨갱이냐. 느네들이 불지르고 사람덜 막 죽이는데 놈의 대동* 산으로 도망갈밖에 더 이시냐.

낮에는 토벌대가 죽이고, 밤에는 무장대가 죽이는 낮과 밤에 따라 공허하게 변하는 좌익과 우익이라는 이데올로기의 싸움. 누가 빨갱이고 누가 흰갱인지 너도 모르고 나도 모르는 제주 4 · 3은 한국전쟁 다음으로 인명피해가 극심했던 비극의 홀로코스트였다. 사死 · 삶生은 뫼비우스의 띠가 되어 죽은 자, 산 자 모두를 당혹스럽게 한다. 대관절 섬의 운명을 관장한다던 일만팔천의 많은 신神들은 모두 어디로 갔었나.

제주 4 · 3 평화공원엔 바른 이름을 찾지 못한 백비가 누워 있다. 백비 옆엔 '언젠가 이 비엔 제주 4 · 3의 이름을 새기고 일으켜 세우리라.'는 글귀가 있다. 살기 위한 좌 · 우익 이데올로기의 횡단과 혼종이 자유와 평화라는 키워드를 간직한 채, 분단 조국의 청산을 위한 비손이 되고자 누워 있는지도 모른다.

화산섬 제주가 빨갱이 섬이 되고, 죽음의 섬이 된 증오의 세월. 필설로 그려내기엔 심장이 먼저 멎어 버려 고통스럽지만 아물지 않은 4 · 3의 흔적을 더듬어 본다. 내가 지금 막 내려선 제주국제공항 활주로에서 육십여 년을 묵혔던 시신 이백오십여 구가 발굴되었다. 영문도 모른 채 죽어간 그들, 산 자들이 만든 비행기의 굉음을 어찌 견뎌 냈을까.

제주 4 · 3의 상징 마을이 되다시피 한 북촌리는 한낮에 사백오십여 명이 희생되어 까마귀도 모르는 제사를 한날, 한시에 지내야 한다. 집단 제사의 아이러니, 대량학살이 자행된 그곳에 '순이 삼촌' 문학비가 세워진 까닭은 무엇일까. 산도 무섭고 경찰도 무서워 동굴에 숨었던 사람들은 울 수도, 눈물을 흘릴 자유도 없었다. 굴속에서 나온 숟가락, 고무신이 당시의 비극을 대변하고 있다. 봉개마을 특별 작전 중, 두 살난 젖먹이 딸과 함께 죽어간 모녀를 기리는 '변병생 모녀상'은 더욱 눈물겹다. 하얀 눈밭에서 아이를 끌어 안고 죽어 있는 모습, 제주 전

래의 자장가인 '웡이자랑'이 아이구덕과 함께 흔들리는 듯하다. 올레꾼들이 탄성을 지르는 샛노란 선인장밭 부근에서 4·3 당시 서른다섯의 젊은 여인이 총에 맞아 잃은 턱을 무명천으로 감싸고 끄윽, 끄윽 짐승소리를 내며 아흔 살까지 살았던 무명천 할머니의 넋이 떠돌고 있다.

끝없이 이어지는 4·3의 비참한 역사는 현무암의 구멍구멍에 숨어들어 돌담길을 만들었다. 산담*을 만들고, 올렛길을 만들었다. 샛노란 유채꽃이 노란 만장輓章을 그리는 제주섬은 백비와 함께 언제나 사월로 멈춰 있다.

불타는 장작더미를 뒤적거리는 부지깽이도 결국은 소멸되는 법. 이제 화해와 상생의 깃대를 세울 순 없을까. 내가 너를 죽이고, 네가 나를 죽이고, 우리가 우리를 죽인 그날, 다가가도 잡히지 않는 가깝고도 먼 수평선이 되어야만 하는가.

마당극 '사월굿, 순임이'를 본다. 경계가 허물어지고, 자유가 존중되는 하늘마당에서 어린 순임이가 친구들과 함께, '곱을락(숨바꼭질)'을 하고 있다. 나도 산담에서 곱을락하던 어린 시절을 떠올리며, 사월굿 마당으로 들어가 있었다.

어른이 된 순임이가 울부짖는다. 아이들에게 음악을 가르치던 아버지가 어째서 빨갱이냐고. 연좌제를 피하고자 집안을 빨갱이로 몰아간 사촌동생 무룡이와 다투면서 한많은 세월을 영화의 한 장면처럼 롱테이크 하고 있다. 빨갱이 소리같이 무섭고, 서러운게 어디 있냐며, 빨갱이도 사람이냐며 한탄하던 순임이. 살아서도 숨어 다니고, 죽어서도 숨어 다녀야 하는 아버지를 향한 절규가 마당을 슬픔으로 적신다. 웡이자랑 자장가를 불러주던 아버지를 떠올리며 끝내 죽음을 선택한다. 연좌제에 몸서리쳤던 남편이 자신을 용서하라며 순임이를 둘러업고 살암시민 살아진다*며 해원의 노래를 부르기 시작한다.

잔잔한 신원 가락이 풍물이 되어 터져 나온다. 이데올로기의 갈등을 풀고자 무룡이를 비롯한 가족 모두가 한 목소리로 노래 부른다. 사방에서 뛰쳐 나온 관객들이 배우들과 함께 진혼의 춤사위를 벌인다. 아버지의 억울한 죽음에 오열하던 주인공 순임이의 굽은 다리가 휘청거린다. 나도 그 속에서 절룩거리고 있다. 앞풀이에서 뒤풀이까지, 사월굿 마당극이 백비와 만나고 있었다.

돌문을 열고 들어가니 돌부처들이 둘러 서 있다. 누워 있는 돌부처도 있다. 돌호랑이들이 나를 에워싼다. 경주 남산인 줄 알았는데, 저 멀리서 돌하르방들이 돌짐승들을 이끌고 어디론가 가는 모습이 보인다. 현무암의 석혈石穴이 가쁘게 숨을 몰아쉰다. 물구덕을 짊어진 아낙들을 데리고, 하얀 모래밭으로 나를 몰아 세운다. 그곳엔 많은 사람들이 신음하며 피를 흘리고 있었다. 마당극을 보고 온 날, 4 · 3, 4 · 3 하면서 깜박 잠이 들었던 모양이다.

제주 4 · 3은 폭력과 광기의 역사요, 금기와 억압의 역사였다. 그것은 죽은 자와 산 자, 죽은 자와 죽은 자, 산 자와 산

자의 갈등과 증오의 역사였다. 4·3은 오늘도 이상한 레드콤플렉스에 걸려 강요된 망각과 싸우고 있는 아픈 역사다.

제주 4·3 평화공원의 백비는 언제나 무자년 사월로 멈춰 있어야 하나. 백비에 이름을 새기고 일으켜 세우는 일이 그렇게 어렵기만 한 일일까. 1995년 오키나와 평화기념공원에 세워진 '平和의 礎'에는 가해자, 피해자 구분없이 오키나와 전쟁의 모든 희생자 명단이 들어 있다. 논란도 많았지만 모두가 역사의 희생자라는 대승적 관점에서 이루어졌을 것이다.

백비는 많은 물음을 던지면서 누워 있다. 사건, 폭동, 봉기, 항쟁 등 개별논리가 백비에 바른 이름을 새겨 넣는데 어려움을 낳고 있다. 정치·사회적 이데올로기가 깔려 있어 가치 중립적이거나 다양한 논리를 녹여낼 수 있는 이름을 만들어 내기가 쉽지 않아 보인다.

4·3의 자장磁場 속에서 오늘을 살아가는 제주 사람들. 죽은 자도 묻고, 산 자도 묻는다. '나는 누구인가.'라고. 역사의 희생자들에게 자유를 허하자. 자유가 있어야 인간이다. 그래야 사람이다. 피해자에겐 해원의 자유를, 가해자에겐 반성의 자유를 주자. 그리고 산 자에게는 상생의 자유를 주어 당당히 살면서 평화를 길러나가도록 하자. 왜, 4·3평화공원이라는 이름이 붙었겠는가.

백비 속엔 자유를 갈망하는 생명들이 꿈틀거리고 있을 성싶다. 세월의 한을 풀고 백비가 일어나는 날, 우리의 삭막했던

얼이 깨어나리라. 헤아릴 수 없는 업보를 하나로 끌어모아 진정한 자유가 무엇인지 깨우쳐 주리라.

샛노랗게 질려 떨고 있는 유채꽃 사월. 4·3의 혼령인 듯, 무자년 까마귀떼가 꺼억, 꺼억 검은 혼을 날리며 평화공원을 휘돌고 있다.

메멘토 모리, 죽음을 기억하라.

*놈의 대동 : 남을 따라서 함께 하는 행동
*산담 : 마소가 들어갈 수 없게 쌓은 무덤 주위의 돌울타리
*살암시민 살아진다 : 살다 보면 살 수 있다는 뜻

4부

그 여자

게시판 속의 여인이 걸어나온다. 압축파일을 주고는 저만치 사라진다. 아무리 붙잡으려 해도 이만치서 발이 굳어 버린다. 압축파일을 연다. 그녀의 사계四季가 파일 속에 아름답게 펼쳐진다.

고등학교 삼학년 봄학기 첫 날,

"40번 누구야?"하는 선생님의 소리에 엉거주춤 손을 든다. 강원도 K사범학교에서 근무하던 미술선생님이 제주사범학교로 전근 오면서 그 학교 40번 여학생이 쓴 편지라며 건네준다. 편지를 큰 소리로 읽고 나자, 우우 함성소리와 함께 그 편지는 교실 뒤 게시판에 붙게 되었다.

목화밭을 배경으로 한 하얀 종이에는 여학생 특유의 동글동

글한 글씨가 짤막하게 적혀 있다. 봄이 불러낸 그녀의 편지, 운동은 젬병이지만 취미 삼아 글쓰기를 좋아하고, 혈액형은 A 형이며 부끄러움이 많아 친구가 많지 않다는 등 밋밋한 내용이다. 여자에게서 처음 받아보는 편지여서 인지는 몰라도, 외로움을 타고 있던 나에겐 구세주 같은 그 무엇이었다.

아무래도 그녀는 매화가 아닐까 생각했다. 차분하지 못한 산수유도, 우아한 목련도 아닐 성싶었다. 외유내강의 전범인 매화 같은 그녀라고 단정해 버렸다. 아니, 황망히 분통을 엎지른 산수유면 어때, 그 해 봄은 쓸쓸한 가운데 황홀한 꿈을 꾸며 보낸 셈이다.

빠르게 여름이 왔다. 편지와 함께 사르비아 꽃무더기를 배경으로 친구들과 찍은 사진도 동봉되어 있었다. 게시판에 붙은 사진을 보며 친구들이 한 마디씩 입씨름을 하는데, 난 엉뚱한 생각을 하고 있었다. 그녀의 나지막한 코를 한 며칠 붙들고 있으면 오뚝 솟아 친구들을 압도하는 미인이 될 것이라고. 그녀가 내 가슴에 꽂아준 미소가 친구들의 소란스러움을 밀쳐내고 있었다. 그녀의 하얀 칼라깃은 그리움을 벼리면서도 끝내 드러눕지 않아 보였다. 풍장하는 매화꽃으로 환생하고 있다는 생각으로 조금은 들떠 있었다..

수국 잎사귀에 박힌 여름의 주근깨를 닦아주던 구월 어느 날. 그녀에게서 E여대 전국 고등하교 문학공모 입상작품집 한 권이 우리 교실로 날아들었다. 들국화 꽃잎이 끼어있는 페이지에 그녀의 시조 장원 작품이 실려 있었다. "가스나, 글 되게 잘 쓴다야." 친구들의 부러운 목소리가 계속 내 귀청으로 오르내렸다. 주눅이 든 나도 그녀의 삼행시를 크게 웅알거리며 그녀의 햇살을 가슴으로 분지르고 있었다.

가을숲길을 거닐며 사랑앓이를 하던 여인이 히아신스부케를 든 화사한 모습이 보이는 듯하여 눈을 감는다. 그녀와 같은 세상에 있기를 바라는 부질없는 소망을 담은 답장을 썼다가 찢어 버린다. 그녀의 기쁨이 붉어서 가을이 왔고, 그 가을 속에 뒤척이다 단풍이 되고, 해변으로 밀려난 해초냄새를 피워 올리고 있다는 답장을 밀봉해 버린다.

그리움이 눈이 되어 한라산에 깊게 쌓이고, 견디기 어려웠던 겨울의 적요가 새 봄을 맞이하고 있었다. 그녀의 편지는 나와 친구들의 연민을 붙들고 오래된 추억이 되고 있었다. 사계절을 뒤로 하고, 나도 친구들도, 그녀도 햇병아리 선생이 되어 흩어졌다. 그렇게 게시판의 연가는 끝나버렸다.

바람의 기척이 있어 현관문을 열었더니 민가락지를 낀 할머니가 웃으며 서 있다. 누구냐고 물었더니 "니, 나 모르겠나" 짧게 끊기는 강원도 억양이 섞인 서울말이 튀어나온다. 어디서 본 듯한 미지의 여인, 심증은 있으나 물증이 없다. 그렇게 우리는 오랫동안 눈 그림을 그리고 있었다.

만나고 싶어도 만날 수 없고, 만날 수 없어도 만나고 싶은 여자. 지워지지 않는 여자, 지울 수 없는 여자가 오래도록 서 있다. 사랑하지 않는 게 사랑이라는데, 기다리지 않는 게 그리움이라는 아이러니를 나는 되뇌고 있다. 꾸밈없이, 꾸밈없이, 끊임없이, 끊임없이.

그리움은 원초적인 본능이어서 퇴보하지도 진보하지도 않는다지만, 실체 없는 그리움에 지쳤는가. 이제 신원 미상의 여인이 오십여 성상을 뒤로 하고 지워지려 한다.

발코니에서 더운 열기가 덮친다. 닿을 수 없는 그리움을 생각하며, 오해 받을 수도 있다는 주체성을 깜박 잊고 아쉬운 추억을 쓰고, 점을 찍는다.

추억을 지우다니, 참 허망한 일이다.

주례, 반성문을 읽다

'또, 늦게 오는구나.'

첫 수업을 마칠 즈음, 자연스레 교실 밖을 본다. 늘 늦게 오는 '상식'이가 운동장을 가로질러 헐레벌떡 뛰어 오는 모습이 보인다.

오늘은 혼 좀 내리라고 벼른다. 교실 문이 열리고 녀석이 들어온다. 매섭게 쏘아붙이는 내 눈길에 알았다는 듯 교실 뒤편에 꿇어 앉아 손을 든다. 그날, 아이들은 모두가 공포 분위기에 싸여 상식이처럼 손을 들고 있었을 것이다.

오래전에 읽었던 ≪상록수≫에 나오는 한 장면이 떠오른다. 교실로 쓰는 교회 건물이 좁고 낡았으니, 80명만 받으라는 주재소의 명령에 따라 '영신'은 배움에 굶주린 아이들을 어쩔 수 없이 교실 밖으로 내쫓는다. 수업하다가 무심코 창밖을 내다본 영신은 화들짝 놀란다. 밀려난 아이들이 매미처럼 담벼락에 매달려 있는가 하면, 나무에 올라간 아이들도 교실 안을 보고 있었기 때문이다. 이에 감격한 영신은 아예 칠판을 교실 밖으로 옮긴다. '아무나 오게, 아무나 오게.' 커다랗게 적어 놓는다. '아무나 오게, 아무나 오게.'가 크게 기억에 남는 까닭은 영신의 너그러움, 따뜻함이, 그리고 아름다움이 지금껏 나를 부끄럽게 하기 때문이다.

무심한 세월이라고 했던가. 상식이의 혼인주례를 보게 되었으니 덧없다고나 할까. 시간의 길이가 매서운 반성문을 낳는다.

"하객 여러분, 신랑 상식이는 저의 옛 제자입니다. 어머니의 병 수발하느라 지각을 밥먹듯 하던 상식이의 지극한 치사랑을 미처 알지 못하고, 회초리로 상식이의 마음을 아프게 한 장본인입니다. 이제는 제가 상식이의 회초리를 받을 차례입니다. 가족석에서 환히 웃고 계시는 신랑 어머님께도 사죄하고 싶습니다. 상식이는 제가 교직 생활을 하는 동안 진정한 사랑이 무엇인가를 가르쳐 준 스승이었습니다. 신랑의 착한 본성이 행복한 가정을 이루리라 굳게 믿습니다."

상식이와 나는 오래도록 눈을 맞추고 있었다.

흘러간다

인생은 스스로 만든 시간이란 그림자를 붙들고 흘러간다. 가끔은 내 이기적 잣대에 기댄 로고스를 뻗대기도 하고, 때로는 연민의 정을 외면하고 사회현상에 영합하느라 에토스도 가볍게 흘려보낸다.

시간은 객관적으로 흐르지 않는다. 나이 들어 한해가 달음박치듯 달아나기도 하고, 생명의 위협을 느꼈던 사람은 그 순간을 슬로모션처럼 기억하기도 한다. 사람마다 다른 감각과 속도로 시간을 살아간다.

계절따라 세월이 흐른다. 별 수 없이 천지 속의 나도 흐른다. 봄에는 겨울의 길들이 까맣게 흘러가 버린다. 봄의 흙은 헐겁다. 김해 들판의 흙은 낙동강을 무진장 빨아들인다. 헐거워진 흙속의 미로를 따라 새싹이 솟는다. 생명은 시간의 리듬에 실려 흔들리는 음악이 된다.

문경관음거 영남요의 불꽃은 고이고 돌고 흐르면서 생명을 잉태한다. 불꽃이 놀고 간 자리에서 흙속에 숨어있던 막사발도 나오고, 백자가 나오듯 봄은 생명을 불러 모은다.

장마철 여름 폭포는 강으로 바다로 길게 걸려 흐른다. 국난의 시대, 의병들이 골마다 나오듯, 개울물들이 규합하여 큰물을 만들어 새처럼 바위를 타고 비상한다. 단말마의 비명은 산을 가르다가 땅 끝에 닿아 무지개로 부활하여 바다의 시원이 된다.

나비의 궤적을 따라 꽃향기가 흐르는 연못엔 실잠자리가 부들 사이를 비행한다. 바람이 풀잎을 흔들면 몸을 붙인 두 마리는 다른 풀잎으로 빛의 부스러기처럼 옮겨 간다. 어디선가 매미의 연가가 어지럽게 흘러간다.

을숙도의 갈대는 가을바람과 함께 피고 진다. 새떼가 갈대숲으로 날아들고 흰 꽃을 날리며 풍화하기 시작한다. 바람에 시달린 갈대 줄기가 새들의 날갯짓 소리에 먼지처럼 바스라진다. 방조제로 말라버린 바닷물 리듬이 수평선을 그리워한다. 한편의 시詩가 새들의 울음과 바다냄새를 벗삼아 생성과 소멸의 추억을 토해내며 철새가 되어 흐른다.

전북 부안 내소사來蘇寺 겨울 마당에 천년의 나이를 품은 노거수가 사람들의 소지를 새끼줄에 묶고 인고의 세월을 하늘로 보내고 있다. 지혜의 골짜기를 이루고 있는 밑동, 저 침묵의 기표 속엔 오래오래 살아 있어서, 천년도 젊어 있어서 햇빛도 더욱 푸르다. 가늠할 수 없는 나이는 적막한 무위의 완성인가. 산전수전 다 겪은 신령이 밑동 속에 숨어 있는가, 늙었으되 젊어 있어 그 기개가 의연하다.

비행기가 포물선을 그리고, 그 속의 나는 하늘이 잠긴 바다와 땅이 흘러감을 본다. 마을 위에 산이 흐르고, 산 위에 하늘이 흐른다. 산과 하늘이 내 몸에 흘러 들어와 구름을 낳는다. 바람에게 묻는다. 누가 나를 기다리며 서성이고 있던가. 끔찍한 망상이 저 멀리 달아나 버린다.

새로운 아침이다. 내가 사랑한 모든 게 가짜였음에도 하느님이 죄 한번 사하셨는가, 살아있음에 감사한다. '하느님, 내일도 나를 깨워 주소서. 흐르게 하소서 잘못 걸어간 길이 새길을 만들고, 새로운 지도를 만들지 않더이까. 꽃이 스스로 아름답다 하더이까. 바보 천지로 그냥 흘러가게 하소서.'

세상천지 모든 것 다 흐른다. 말도 흐르고 침묵도 흐른다. 현상만 다를 뿐 본질은 같다. 새와 바람이 만든 소리의 높이, 노거수가 만든 침묵의 깊이도 흐른다. 도가도 비상도道可道 非常道, 도덕경의 첫머리가 언어를 뛰어 넘는다. '나는 누구인가' 묻지 마라. 지구도 나도 그저 흘러가고 있는데.

삶도 죽음도 흘러감이려니. 무위자연, 생사불이란 말, 그냥 나왔을 리야.

버킷리스트여행

삿포로행 비행기가 떴다. 눈의 나라 홋카이도의 풍경이 구름처럼 바다를 수놓고 있다. 미우라 아야코三浦綾子의 소설 〈빙점氷點〉 속의 장면들이 떠올라 가슴을 설레게 한다.

나약한 인간의 슬픈 편린들. 유혹과 배신, 질투와 분노로 휩싸인 〈빙점〉 속 가족의 가장 큰 죄악은 '위선'이 아닐까. 위선이 빚어낸 비극은 홋카이도의 추위 보다 더 매섭고 잔인해 보인다. 빙점은 물이 어는 점이 아닌 마음이 어는 점일 테다. 빙점은 '어는 점' 이기도 하지만 '녹는 점' 이기도 하기에 용서하는 세상을 볼 수 있는 소망을 키워드로 사건을 전개하고 있는 듯하다.

나의 가족이 지금 버킷리스트여행을 하는 까닭도 위선을 털어내고, 나를 용서하는 계기에 있는지도 모른다. 홋카이도 가족여행은 버킷리스트 여덟 항목 중 하나로, 따뜻한 공무원 연금을 쪼개어 매달 사십만 원씩 삼년 동안 적금한 천오백만 원으로 이루어졌다.

이 번 여행은 그동안의 나의 잘못된 삶을 비워내는 답사라는 생각이 든다. 떠나지 않으면 보이지 않고, 걷지 않으면 도달할 수 없는 게 여행이라 했던가. 숲을 떠나야 숲이 보이듯이, 집을 떠나야 가족이 보이듯이.

나이 들어 비로소 철이 들어가고 있다. 그동안 허세와 위선으로, 내 손가락에 박힌 가시가 아팠을 뿐, 가족의 가슴에 박힌 대못은 전혀 보지 못했음을 조금이나마 알았다고나 할까. 막연히 버킷리스트여행을 계획했는데, 의외의 기쁨으로 충만하다. 행복을 찾아, 나를 찾는 여행이었음을 고백해도 될려나.

이청득심以聽得心, 말을 배우는 데는 2년이 걸리지만 침묵을 배우는 데는 60년이 걸린다는 말이 있다. 허나 나는 70년을 넘겼어도 묵언이 쉽게 찾아오지 않는다. 하기에 이번만은 입을 닫고 귀만 열리라 작심하고 이를 큰 아이에게만 살짝 귀띔한다. 말을 내 뱉는 것은 지식을 소비하는 것이고, 말을 듣는 것은 지혜를 얻는다는 말을 생각하면서. 내 어렸을 적엔, 일흔 넘은 노인은 뭐든지 알고, 뭐든지 쉽게 들어주어 나를 놀라게 했었다. 지금 그 나이를 훌쩍 넘은 나는 어떤가. 그 당시의 어린애에 지나지 않음을 알기에, 작심삼일이 될지 모르지만 아상我相은 못버려도 입만은 꼭 다물고 있으리라 다짐하고 다

짐한다.

여행 이틀째. 입 꼭 다물고 웃기만을 반복한다. 거울은 먼저 웃지 않는다. 내가 웃어야 웃을 것이기에. 속 타는 내 마음을 아는지 모르지만, 가족의 자유스런 모습이 밉지만은 않다. 여태 허세를 부렸던 속물근성이 부끄러워서인지, 가족들의 노예가 되는 일이 그다지 힘든 일이 아님을 깨닫는다. 가족들의 자유가 나에게 진리를 가르쳐 주고 있었기에. 노예가 되어 보아야 진정한 자유가 보이는 것인가.

여행 사흘째. 이해하기는 오는 게 아니라 가야 하는 것임을, 내가 가족들 마음속으로 들어가야 하는 것임을 배운다. 혹여 이해가 지나쳐도 나는 곧장 살아있거늘, 마음은 쉬운데 몸은 왜 그리 어려웠을까. 붕대를 감아줄 수 없다면 상처를 건드리지 않는 게 사랑임을, 보일 듯 보이지 않고, 잡힐 듯 잡히지 않는 게 행복임을 깨우친다.

사랑은 소리없이 와 닿을 때 아름답고, 행복은 미래에 있는 게 아니라 지금·여기에 있음을 배운다. 사랑은 언제나 새로운 시작이기에 집에 돌아가면 또 사랑을 찾아 헤매겠지.

그동안 왜 그렇게 바보처럼 살았을까. 조금만 더 여유를 가지고, 조금만 더 하늘을 바라보며, 조금만 더 웃고 지냈으면 그만이었을 텐데. 가족과 커피를 마시면서 이야기한다는 것, 그저 실없이 웃는 일, 이런 사소한 것들이 행복이라는 걸, 세상만사 그렇게 단순한 것임을 왜 여태 몰랐을까. 이번 여행의

멋스러움을 가슴 깊이 문신처럼 새겨 넣을 방법을 이리저리 굴려 본다.

여행 마지막 날 밤. 영화처럼, 소설같이 상상했던 여행이 수필같은 영혼의 떨림으로 마무리되고 있다. 가족과의 동행은 먼 길이 아니었다. 사랑이 나를, 가족을 우주를 지탱하고 있음도 알았다. 성냄도 용서도, 예전엔 미처 몰랐던 사랑이었다. 가을이 잘 익어야 겨울이 오고, 겨울이 잘 익어야 봄이 온다는 자연을 배웠다. 아내의 미소도, 딸애의 수다도, 온천욕장에서 등목을 쳐 주는 사위 녀석의 너털웃음도 훌륭한 대화였다.

'아사히' 사케 잔을 부딪치며 큰 애가 익숙한 건배사를 건넨다.

"나, 아빠를 사랑해/ 그대, 아빠를 사랑하는가/ 네" 끈적거림을 참아내면서, 나도 어느 시인의 글귀를 패러디하여 한 마디 내민다. "자세히 보아야 예쁘다. 오래 보아야 사랑스럽다. 가족이 그렇다."

살면서 가장 어려운 것은 가까운 사람들과의 대화였음을 체득하는 순간이다. 가족은 함께 해야 피는 아름다운 꽃이었다.

따로 또 같이 생각했을 식구들에게, 여행 소감을 짧게 한 줄 써달라는 작은 메모를 내민다. 특별한 생각을 기다린 건 아니기에 식구 모두 한 마디씩 거든다. '아빠가 준 최고의 선물, 즐겁고 배움이 가득했던 여행, 버킷리스트 다 이루세요.' 모두들 아부성 발언을 마다 않는다. 막내가 옹알이듯 말한다.

" 아빠, 버킷리스트여행 자주 해요." 식구 모두 기다렸다는 듯 합창하며 웃는다. "그래, 그래라. 오래오래 늙어야겠구나." 갑자기 베푸는 사람이 된 것 같아 온 몸이 붕 뜬다.

홋카이도 만추의 밤이 깊어간다. 내일이면 버킷리스트 하나가 지워질 것이다.

무덤 앞에서

암회색 검버즘을 드문드문 머금고 어머니의 이름이 돌에 새겨져 있다. 당당히 석양을 맞고 있는 어머니의 이름 앞에 묵도하고 있는 나는 언제나 어린 아이일 뿐이다.

무덤 곳곳의 서양 민들레를 뽑는다. 어머니의 흰 머리를 뽑던 소싯적 나의 손길에 검버섯이 몇 개 돋아 있다. 어머니가 이곳으로 온 나이 보다 조금 지났으니, 천 년의 집도 많이 늙었지 싶다. 지금쯤은 이생에서의 셋방살이 한도 많이 풀렸을 테다.

천주교 ≪황사평 공원묘지≫의 한 평짜리 작은 무덤들이 평등하게 누워 있다. 한라산을 등에 업고 이어도를 향해 발돋음하고 있는 작은 오름들. 무덤 속의 어머니는 '사람은 사랑으로 살아야 한다.'는 톨스토이의 사랑 보다 한 수 위였고, 아름다운 신神이었다.

아늑한 공원의 모습은 과거와 현재, 삶과 죽음의 사잇길이다. 죽어서 영원히 사는 동네. 풀내음 나는 바람 속에, 죽은 자의 영혼은 파란 하늘을 이고 솔, 솔바람이 된다. 어머니가 즐겨 부르던 〈오돌또기〉 노래가 창연한 솔바람이 되어 산 주위에 가득하다. 어머니의 자상하던 정情이 축축한 영靈이 되어 내 마음을 포근히 쓰다듬는 듯도 하다.

과거와 현재가 서로 만나는 곳, 꿈의 넋이 왔다 갔다 하는 곳. 탐진치貪瞋痴 삼독三毒을 모두 삭혀 내고 아름답게 살고 있을지니. 구름이 있고, 햇살이 있고, 바람이 있어 외롭지 않아 보인다.

내 가슴 속에는 하늘로 비껴 선 어머니의 영혼이 있다. 나의 사랑이 꺼질 때마다 불을 지펴 주고 있기에 영원히 살아있음이다. 어머니는 하늘이 길어 멀리멀리 지다마는 해가 되고, 차가운 밤은 깊어 더디 지는 달이 되곤한다. 살았을 적 어머니의 잔소리가 두근거리며 내 속에 수필이 되어 익는다. 어머니를 닮아 잔소리꾼이 된 나는 하늘과 바다, 산과 우주를 어머니의 너른 치마에 부어 넣고 있다. 어머니의 잔소리가 사랑이었음을 알았을 때, 막 울고 싶은 마음이 너무 늙어버려 주름살로 펑펑 돋아났다.

삶과 죽음은 어느 지점에서 끊기고, 끝장나는 게 아니라 끊임없이 순환하면서 이어지고 반추되고 있음을 확연히 깨닫는다. 어느 날, 경주에서 본 오름 같은 능 앞에는 초등학교가 있고, 아이들이 능 앞에서 뛰어 놀고 있었다. 죽음이 일상 속에 있잖은가. 생사불이려니.

“윤영아, 그만해라. - 아니 한 번만 더요. 몇 번 절 했는데? - 열 번요. 왜?. - 그냥요.”

할머니 무덤에 열 번 절하는 막내 손녀. 무덤 주위에 술을 붓던 동생이 헤벌쭉 웃는다. 손녀가 열 번 절하는 건, 할머니에게 앙탈부렸던 걸 사죄하는 의미일 테지만, 막내로서 어머니에게 막강한 권력을 부렸던 동생의 웃음은 알 듯 모를 듯 궁금하다.

“어머니, 꿈속에서라도 나비되어 부산에 나들이 하십시오. 애들이 서울에 살고 있어 집안이 썰렁합니다. 마음에 드는 친구랑 오면 더욱 좋고요.”

고독은 힘이다

복잡한 인파 속을 거닐다 보면 불현 듯 고독이 옷깃을 잡아끄는 경험을 할 때가 있다. 군중 속에서 절감하는 공허함은 무겁고 어두운 자신을 발견하는 길이 된다.

하루는 길고, 일 년은 빨리 가는 요즘이다. 군더더기 같은 허울을 벗어버려야 진아眞我가 드러날 것이다. 슬며시 시인 R.M.릴케가 떠오른다. 9년 동안 면벽 수행한 달마대사, 10년 동안 외부와의 접촉을 끊고 수행한 성철스님, 모두 고독의 주인이다.

절대고독으로 인한 절대음악을 탄생시킨 베토벤의 월광곡도 귓가에 맴돈다. 명량해전에서의 이순신 장군의 고독한 한산도가閑山島歌는 광화문 네거리에서 황홀한 슬픔이 되어 우뚝 섰다. 고독으로 독존獨存하면서 독존獨尊 했던 수많은 이들의 영혼이 연쇄고리가 되어 나를 묶는다. 고독을 사랑했던 저들이 꾸짖는다. '시방, 그대 고독한가. 고독해야 고독하지 않음을 알겠는가.' 당황한 나는 그들 선각자의 고독한 흔적에 놀라 어리둥절할 뿐이다.

인간 고독의 원천은 어디에서 연유할까. 그것은 모태자궁에서 어머니와 분리되면서부터 발생하는 것일 게다. 사람은 고독하게 태어나 고독하게 사라지는 존재이다. 홀로 태어나 혼자 좁은 관 속으로 들어가는 게 우리 인생이다. 모든 것은 홀로인데 홀로 있는 것은 하나도 없는 인생살이의 아이러니, 어떻게 해석해야 하나.

인생의 질곡, 어두운 터널이 어쩌면 행복의 디딤돌인지도 모른다. 일전에 일본 타테야마로 가는 산길에서 쉰여섯 개의 터널을 숨 가쁘게 지나쳤다. 우리의 삶은 터널처럼 어둠 속에서 한층 견고하게 지켜지고 있음을 배웠다. 뇌와 심장은 어둠 속에서 고독하지만 우리 몸을 지탱해준다. 뇌와 심장이 손발처럼 밖에 나온다면 어찌 될까. 터널이라는 고독이 밝은 세상으로 나오는 징검다리 아니겠는가.

고독은 창조의 본질이기에 모든 예술작품은 고독의 산물이다.

평생 고독했던 빈센트 반 고흐의 그림 〈침실〉을 본다. 그의 침실은 살기 위한 공간이라기보다 견딜 수 없는 외로움의 공간으로써 고독이 짙게 깔려 있다. 침대가 한 쪽 문을 막았고, 덧

문들은 하나같이 닫혀 있다. 들어가면 나올 수 없는, 캄캄한 비명이 들릴 것도 같다. 그런데 의자도 두 개, 베개도 두 개, 창문도 여닫는 짝으로 되어 있다. 고향과 가족을 떠나 혼자라는 외로움을 달래고자 한 상징이 아닐까.

미켈란젤로의 그림 한 점, 로뎅의 조각 한 덩이, 베토벤의 음악 한 소절, 릴케의 시 한 구절. 이들이 아득한 시절에 살았던 고독한 창작자의 체취가 나의 주변을 면면히 감돈다. 그들의 고독은 영원히 변모하는 과정 속에서 살고 있는 불사조인지도 모른다.

나의 작은 서재, 읽지 않은 책들이 수북이 쌓여 있고, 글로 채워야 할 원고지들이 책상을 어지럽힌다. 책을 읽는 것은 작가의 고독한 입자와 직면하는 독자의 메아리일 것이다. 책은 고독의 산물이요, 고독의 발명품이다. 책을 읽지 않고 게으름을 피우는 일은 아직 고독하지 않다는 얘기 아닌가. 고독의 개념도 모른 채 외롭다느니, 쓸쓸한 척 고독을 헐뜯어온 허풍쟁이, 참 바보스럽다. 고독한 공간에서 영혼이 깊어짐을 이제사 깨닫는다.

나는 그리운 이가 되고자 늘그막에 글을 쓰고 있다. 신변잡기라는 세간의 오명을 털어내고자 수필을 쓴다. 쓰면 쓸수록 바닥이 훤히 보이고, 신변잡기라는 올가미의 유혹에 갇히고 만다. 언제쯤 고독으로 뒤엉킨 글을 쓸 수 있을까. 진정 고독을 얻고자, 모호한 고독에서 벗어나고자 발버둥 친다. 고독하지 않으면, 고독을 이길 힘이 없으면 글쓰는 일을 포기해야 할 텐데. 언제쯤 조그만 고독의 날개를 달고 꺼이꺼이 울면서 부끄럽지 않은 글을 쓸 수 있을까.

초저녁 산책길, 홀로 이기대 숲길에 선다. 앞에는 주황색 노을이, 뒤에는 긴 그림자가 또 다른 나를 만든다. 파도에 귀가면 바닷소리와 함께 무감각한 소나무 그림자를 밟으며 무심코 읊조리는 나의 무익한 노래. 고독의 다른 이름일지도 모른다.

고독해야 고독하지 않다는 명제를 깨우친다. 그 속에 고독은 힘이라는 고갯이가 있음을 어렴풋이 깨닫는다. 고독하지 않으면 산 송장일 테니. 집으로 가는 발걸음이 환하게 가볍다.

나이야 와라

체육공원에 있는 철봉에 매달려 있는 젊었을 때의 나를 본다. 턱걸이를 해보려고 철봉에 겨우 뛰어올라 발버둥친다. 허공을 차대고, 허리를 비비꼬며 겨우 한 번을 하고 고꾸라진다. 스무 살 즈음 열댓 번을 가뿐히 했던 추억이 구름 속에 숨어버린다.

모임에 가서 턱걸이 얘기를 했더니 '한 번은 했느냐'고 되묻는다. 지인들의 삭은 얼굴에서 춤을 추고 있는 주름살이 내 마음을 주름지게 한다. 한 때 젊어지고자 하는 안티에이징이 늙은이들의 마음을 설레게 한 적이 있다. 영원한 스무 살로 살고 싶다는 발상, 얼마나 비겁한 존재인가. 젊어지고 싶은 어리석음은 오늘날의 삶의 빈곤을 보여주는 징표가 아닐까.

서울 예술의 전당에 있는 오페라하우스에는 노인의 그림자는 매우 드물다고 한다. 뉴욕 필하모니 오케스트라를 감상했던 지인이 연주 보다는 로비에 빽빽이 늘어선 백발의 노인들 관객에 감동을 받았다는 말이 예사롭게 들리지 않는다. 우리네 노인들이 사회의 짐이 되는 현실을 탓하면서 노인복지를 부르짖기 전에 스스로 잘 늙는 노년을 준비해야 하리라는 생각은 나만의 바람은 아닐 것이다.

인간은 결국 혼자일 수밖에 없는 존재이다. 고독한 영혼이 아니고서는 광활한 자유의 해변을 달릴 수 있겠는가. 경제개발협력기구에서 사회적 관계가 꼴찌요, 노인 자살률이 1위인 삭막한 곳에서 어떻게 살아야 하나. 소통은 소통할 수 없음을 깨달을 때 가능하다는 역설을 곱씹는다. 잘 늙기 위해서는 '노화란 나이가 드는 게 아니라 멋이 드는 것'이라는 광고 카피처럼 내면의 멋을 벽돌 쌓듯 차근차근 다져가는 수밖에 없을 성싶다. 노년은 자기 자신을 되찾는 시기이기에.

요즈음은 적극적인 노령기를 보내자는 웰에이징well-aging이란 말이 대세다. 웰에이징의 첫걸음은 우선 자신의 나이를 인정하는 것이겠다. 생명의 유한성이 우리를 살게 하는 힘의 원천이요, 늙음은 죽음과 가까운 시기이지만 완성의 단계이기도 하다. 완성되지 않은 이야기가 지루하듯, 아름다운 꽃이 지지 않고 계속된다면 눈길이 가지 않을 것이다. 꽃도 지기 때문에 아름다운 것이다. 사람도 그러하지 않겠는가. 웰에이징은 사랑의 구원일지도 모른다.

조선시대 이현보의 초상화를 본다. 깊은 주름을 명암으로 처리했고, 검버섯·수염 따위가 적나라하게 그려져 있다. 늙음에 대한 긍정적 마음이 없었다면 이런 과감한 표현을 생각할 수 없었을 것이다.

나는 지금의 내 나이를 사랑한다. 인생의 어둠과 빛이 녹아 있어 내 나이의 빛깔로 떠오르는 게 자랑스럽기까지 하다. 시간을 되돌려 스무 살 시절이 되고 싶지 않다. 지금이 완전해서가 아니라 다시 그 고통스럽고 불안했던 때로 돌아가고 싶지 않다. 치열하게 살고 있는 젊은이에게 '잘했어', '고마워'라며 토닥토닥 등을 두드려주고 싶을 뿐이다. 젊고자 하는 안티에이징, 패션이나 화장품을 동원하는 위장술은 삶에 대한 허상이요, 기만일 뿐이다. 세상에 반복되는 나이는 없다. 삶의 의미와 무게는 내면에서 발화하는 체험의 강도에 따라 달라질 것이다.

'나이야 가라!' 나이애가라 폭포 앞에서 통성 기도하듯 외쳐대는 한국 관광객들의 모습이 티브이에 비친다. 폭포수 파편을 맞으며 자연의 장엄함에 감격하는 모습이 아니라 '나이야 가라'고 외치는 관광객의 목소리가 왠지 머쓱했지만 나도 몰래 중얼거렸을 성싶다.

'인턴' 영화에선 아름답게 나이든 70대 노인이 나온다. 갈등과 오해는 찾아볼 수 없다. 실력을 갖출 것, 후배를 질투하지 말고 응원하라는 매시지가 헛헛한 내 마음을 즐겁게 한다. 내가 나이애가라 폭포 앞에 선다면 '나이야 와라'고 크게 외쳐도 될 것 같다.

인생은 어느 시기든 그때만 느낄 수 있는 기쁨이 있다. 지금 이 나이, 어저께 하루빨리 오기를 바랐던 날이며, 내일 우리가 그렇게 원만하게 무언가를 이루고자 하는 나이 아닌가. 10대에는 어서 대학생이 되었으면, 대학생은 어서 취직했으면 했던 어제. 40대는 30대였다면, 30대는 20대였으면 했던 나이. 지금 이 나이는 그렇게 빨리 오기를 기다렸던 나이요, 그렇게 빨리 인생의 아름다움을 이루고자 하던 나이잖은가. 그대 지금 한창 제철인 사과와 배를 먹고 있는가.

늙지 않고 오래 살 수는 없다. 나이 드는 건 우주의 일, 나이 듦을 기쁘게 맞아들이자. 나이야, 와라.

나목의 소리빛

꽁꽁 언 겨울 숲, 조용히 귀를 열어 다양한 소리가 흘러가고 있음을 듣는다. 사그락, 낙엽 밟는 소리, 솔숲을 가로지르는 바람 소리, 서릿발을 밟을 때 나는 소리, 계곡의 얼음장 밑을 흐르는 졸졸졸 개울물 소리, 이 가지, 저 가지를 넘나드는 곤줄박이가 포르르 내 온 몸을 붙든다. 소멸과 부활의 소리가 화음이 되고 있다. 자연의 소리는 언제나 깨끗하다.

소리길 주위엔 대형 오케스트라의 합창단원들처럼 나목들이 무더기무더기 맨몸으로 둘러 서 있다. 설한풍에 나목이 휘파람을 분다. 휘리릭, 쉬쉬쉬- 나목의 흔들리는 모습은 끊임없이 자신을 가다듬는 의연한 철학자의 표상이다. 소리와 소리가 어우러진 소리길을 따라 묵상하고 있는 나목의 모습이 베토벤 전원교향곡처럼 평온하다.

사납게 수선을 떨던 한풍이 숨을 죽이면 짧은 햇살을 향해 영원을 응시하며 묵상한다. 나목의 경건한 모습은 봄·여름·가을 겪으며 쌓아온 예지의 결정체인 듯하다. 지나간 세월의 형상을, 온몸을 드러내며 현인의 예지를 보여준다. 모든 것은 헛되고 무의미하다는 솔로몬의 탄식인지도 모른다. 나목이 이른다. "너의 불안과 너의 절망과 너의 증오조차도 사랑하라"고. 나목을 온몸으로 끌어안을 듯 함박눈이 내린다. 나목은 언젠가 읽었던 ≪호밀밭의 파수꾼≫으로 환유되고 있다.

나목은 겨울잠을 자지 않는다. 낙엽은 나무의 첫 번째 월동준비이다. 나목은 살아남기 위해 안간힘을 쓰고, 적극적인 생리활동을 한다. 나목은 칼날 같은 겨울바람을 피하지 않는다. 세포가 얼지 않도록 수분을 적극적으로 탈수시켜 수분 함량을 최대한으로 줄인다. 여름철 활발한 광합성에 의해 생성된 탄수화물을 전분의 형태로 저장하는데, 이는 겨울철 나무의 에너지원이 된다. 겨울철의 혹독한 추위는 가혹한 조건이긴 해도 봄을 맞아 새싹이 나고 꽃을 피우기 위한 또 다른 필수요건이기도 하다. 나목의 결핍과 소멸은 사라지는 것이 아니라 아름다운 생성임을 은유한다.

나목의 생활모습은 신부전증으로 투병하는 나와 닮았다. 신장기능이 약하여 물을 많이 마시지 않아야 하고, 신장에 해가 되는 칼륨 성분을 줄이기 위해 소식하는 따위가 그렇다. 그렇게도 서툰 봄·여름 여행이 끝나고 가을도 어느덧 지나 한평생의 끝자락인 겨울에 접어든 나, 염치없지만 나목의 생명의 소리를 흠뻑 마시고 나도 작은 나목이 될 순 없으려나. 무릎 꿇고 하명을 기다린다.

하늘의 입장에서 보면 한 뼘도 안 되는 게 인생인데, 왜 그리 발버둥치며 살아왔을까. 내일을 위한 희생의 미덕을 보여주는 나목 앞에서 부끄럽고 민망할 뿐이다. 깊어가는 겨울밤, 그리움의 빈 잔에는 '겨울이 오면 봄도 멀지 않으리'라는 나목의 선율이 흐른다. 깨끗한 사랑을 위해 두 손을 모은다. 봄을 위해 엄청난 역경과 고난을 지혜롭게 헤쳐 가는 자연의 섭리가 나목을 만들었지 싶다. 나목의 몸뚱어리가 추운 듯 따사롭게 다가온다.

살아보니 결국은 몸이다. 머리나 정신도 몸의 일부, 몸의 작용이다. 몸 없이는 모든 게 불가능하다. 그렇기에 몸은 방치되거나 학대되어서는 안 되는 대상이며 주체가 되는 우리 인생의 알파요, 오메가임을 깨우친다.

나는 소망한다. 소망은 간절한 기다림이며 힘의 원천이기에 어쩌면 인간 삶의 최고 가치인지도 모른다. 소망은 살아있다는 생명력이다. 사라져가는 나의 콩팥 기능에 매달려 투병하는 생활에 한 가닥 소망이 나목 주위에 자장을 일으키는 듯하다. 나목이 내뱉는 휘파람 소리에 화답하듯 재생의 신호를 머금은 백설이 살포시 나목을 껴안는다. 봄을 맞는 기쁨과 소망으로 살아가는 나목, 그동안 나의 철부지 같았던 헛된 고난이 허망하기만 하다.

나목 아래에 서서 하늘을 올려다본다. 나뭇가지 사이로 퍼즐조각처럼 빼곡히 하늘이 걸려 있다. 깨질 것 같은 파란 하늘을 매단 나목의 가지들, 살았을 적 한 치의 가식도 없는 어머니의 주름처럼 따사롭다. 하늘 조각이 가슴에 박혀 몰아의 순간을 펼쳐낸다. 나목이 이른다. "고백하고 싶지 않은 부끄러운 이야기들을 터놓을 사랑스런 사람을 지금 당장 불러내서 만나보라고. 두 번 다시 만나고 싶지 않은 사람도 있지만 그게 무슨 상관이냐고. 선악이 모두 발효되었으니 그 곳에서 나만의 진정한 삶을 찾아보라고." 일침하고 입을 닫아 버린다.

나목의 마른 가지에서 곤줄박이가 건너뛰기를 하며 노닐 뿐, 정적에 휘감긴 자연의 품에 안겨 있으니 나른한 평화가 나를 포근히 감싼다. 망팔의 나이, 나도 겨울로 접어든 나목이 아닌가. 그믐달 같은 끝자락 인생, 어찌 태평스레 졸고만 있을 텐가. '그대 자연의 섭리에 순응하며 순리대로 살라'는 나목의 묵언의 소리가 들리는 듯도 하다.

생사불이. 생과 사는 손바닥과 손등의 관계다. 생명 속에는 죽음도 함께 있다. 손바닥과 손등을 어찌 떼어 놓겠나. 뒤집으면 손바닥이고, 또 뒤집으면 손등인 것을. 죽음이 없다면 어찌 생명이 있겠나. "나는 암과 투병하지 않는다. 친병親病하며 친구로 지내고 있다. 암 걸리고 나니 오늘 하루가 전부 꽃 예쁜 줄 알겠다."는 어느 유명 인사의 사자후가 나를 곧추 세운다.

나폴레옹이 말했다던 "오늘의 불행은 언젠가 내가 잘못 보낸 시간의 보복이다."라는 한 문장이 가슴을 찌른다. 지금 나의 몸 상태, 아모르파티運命愛가 나의 전부다. 나목처럼, 스스로 있으라. 이게 자연이요, 신임을 절감한다.

"성님, 나 막 울었수다. 나보다 훨씬 건강했던 성님이었는데. 뼈만 남은 성님의 종아리를 보고 얼마나 울었는지 모르쿠다. 제주공항에 성님 바래다 드리고 집에 오는 내내 차안에서 울었수다. 지금도 눈물이 남수다. 어젯밤 제상에 계시던 어머니도 우셨을 겁니다. 꼭 이겨냅서." 내가 생각해도 15kg 이상 살이 빠졌으니, 동생의 눈에는 조수가 빠져나간 갯벌처럼 회색빛 적요만 번졌으리라. 그동안 서걱거리기만 했던 동생. 난데없는 동생의 슬픈 메시지가 전에 없이 따뜻하다. 아프니 동기간이 보이는구나. '병든 자만이 병을 고칠 수 있다'는 말을 증명이라도 하듯, 나는 갑자기 작은 나목이 된 기분이다.

겨울숲 나목들이 가지마다 하얀 얼음꽃을 매달았다. 고행자의 몸짓에 핀 상고대의 신비한 풍경이 무지개빛이 되어 소리빛깔을 뿜어낸다. 하얀 눈이 비치는 색색의 색깔과 별빛, 달빛 소리가 터지는 따뜻한 이미지가 내 연약한 마음을 붕붕 띄운다. 나목을 둘러싼 아름다운 영상이 나를 껴안고 미완의 에필로그 역할을 하고 있는 올 겨울, 소생의 봄을 맞는 소리빛으로 환유되고 있다.

나목 발치에서 묻고 또 묻는다. 봄으로 가는 길을.

애태우던 태풍이 지나갔다는 속보가 들리는가, 나목의 모습이 포근하다.

돌담길 아다지오

한 노인이 돌담에 기대어 햇빛바라기를 하고 있다. 돌이끼를 닮은 노인의 저승꽃은 세월이 그려낸 추상화다. 콩짜개난, 엉겅퀴가 삭혀낸 그림자가 지나간다. 세상의 온갖 소리도 무음이 되어 노인의 가슴을 데운다. 구슬치기 소리, 굴뚝새, 도마뱀의 유영하는 소리, 4·3의 빨간 흔적이 까맣게 된 사연을 품고 있는 부엉이의 안타까운 울음도 잠겨 있다.

탐라국인 제주는 돌의 나라다. 돌담의 고장이다. 마을도 들도 산자락도 무덤도 모두 검은 돌 세상이다. 돌담을 쓰다듬는 바람이 있다. 바람과 함께 사귀는 돌담은 바다와 함께 바람을 그리며 살아 숨쉰다. 세상과 단절된 어지러운 바람도 돌담 구멍에서 꼬리를 내려 마음을 가다듬는다. 돌담 틈새로 지나가는 숭숭 소리는 제주를 일으켜 세운 탐라국의 고유음이다.

대지의 탯줄인 돌담, 끝모를 흑룡만리黑龍萬里의 긴 리듬은 제주인의 영혼이다. 제주인의 삶의 철학이 녹아 있는 돌담은 모진 바람을 이겨내는 영혼의 안식처다. 험한 세월을 이겨낸 관용의 가슴이며 벽이다. 유혹의 문화 콘텐츠가 변용된 예술 작품이기도 하다.

돌담에는 인간과 자연의 흔적이 지문처럼 살아 배어 있다. 돌담은 올레담, 밭담, 성담이 오름자락의 산담과 이어달리며 시·공간을 아우른다. 위엄도 위선도 없다. 세월 따라 이끼가 앉고 수웅 바람이 드나들고 산새와 햇살 그리고 바닷소리가 노닌다. 밤이면 돌담이 별이 되어 한 걸음, 한 걸음 감청색 바다가 되고, 달빛 신화를 가슴에 웅얼거린다.

세상의 유일한 악기인 돌담이 만들어내는 소리는 인간과 자연 사이의 가슴 벅찬 침묵이다. 더디게 오는 사랑의 소리다. 바람이 조율하는 돌담의 하모니는 언제나 경이롭다. 흰 눈발을 둘러쓴 매화나무가 가지를 흔들면서 꽃을 피우 듯, 뭉근한 사랑의 안단테가 향기롭다.

돌담은 생사의 요람이기도 하다. 쉼 없이 청산별곡이 웅웅대는 오름자락엔 무덤을 감싸는 산담들이 산 자와 죽은 자의 영혼을 달래며 또 다른 세상에의 길이 된다. 산담 앞면의 넓은 곳엔 망자의 꿈이 열려있어, 이승과 저승의 영교靈交가 자연스럽다. 바람소리 파도소리로 쓴 묘비명이 바람이 되고 바다가 된다. 이승의 고달픔을 달래는 모습이 동자석과 함께 평화롭게 숨쉬고 있다.

까만 돌담에 노란 귤이 주렁주렁 익어가는 풍경은 언어구조를 망가뜨리지 않고는 표현할 수 없다. 돌담이란 기표에는 온갖 자연이 쉴 새 없이 들고나기 때문이다. 청보리밭과 검은 돌담이 어우러진 모습 또한 신이 빚은 신비스런 사랑의 눈짓으로 읽게 된다. 돌담의 끝없는 창작 행위는 고개를 넘어간 듯 다가서고, 끊어진 듯 바람을 데리고 뫼비우스의 띠를 만든다. 돌담 속엔 제주의 길, 우주의 길이 꼬리를 물고 있는 우로보로스 뱀처럼, 시작이 끝인 듯, 끝이 시작인 듯 열려 있다.

돌담은 집 앞 올레에서 머물다, 밭담을 지나 오름의 산담에서 잠자고, 한라산을 넘어 이어도로 꼬리를 잇는다. 돌담 바람은 그냥 바람이 아니다. 내 마음의 사념邪念을 태우고 사라진다. 후렴과 후렴으로 잇는 사랑의 노래다. 돌담의 향기 속에 자란 제주 사람들, 오늘도 비음을 섞어 거친 바람을 삭혀낸 돌담길 아다지오를 저미며 자맥질하고 있으리라.

옛 돌담이 내는 소리, 지금도 여일하이.

돌담이 나를 끌고 침묵하는 몸짓이 되어 어디론가 끌고 간다. 얼음이 녹아 바람이 될 때까지 바람이 잦아들어 봄이 될 때까지, 겨울이 오는 흔들림 속으로, 그리운 이를 향해.

'이룰 수 없어도 사랑하라. 불가능해도 꿈을 꾸라' 면서.

돌하르방의 미소

언제 보아도 우직하게 배시시 웃고 있는 돌하르방. 저 웃음은 내 어린 날 잃어버린 신앙들의 그리운 유혹이다. 지워지지 않는 백사장의 입술이 돌하르방의 웃음으로 되돌아와 열린 것이리라. 그 속에서 고향의 그리운 목소리, 듣고 있다.

내 작은 서재의 끝자락에 있는 한 자 크기의 돌하르방, 새까만 현무암 얼굴이 나를 닮아 미운 듯 귀엽다. 나와 눈맞춤할 때면 언제나 공중부양하며 화산섬 고향 이야기를 풀어 놓는다. 돌하르방의 크고 작은 구멍에서 '오늘도 행복할 것'이란 메시지가 들고 난다.

사람마다 늙지 않는 어린 아이가 있듯이, 내 어린 시절은 늘 돌하르방과 함께 했다. 동네 이름마저 돌하르방의 원이름인 '우석목偶石木' 거리였다. 돌하르방을 중심으로 거친 바람물

결을 벗삼아 술래잡기, 말타기 놀이를 하던 친구들과의 즐거운 추억을 소환하곤 한다. 영원한 고향인 돌하르방이 우석목 거리가 되고, 친구들의 목소리가 서재를 꽉 채운다.

디지털 세상에서 잃어버린 인간적 감성이 되살아난다. 돌하르방과 대화하는 날은 소통과 사색으로 대표되는 아날로그 감성, 인간적인 감각이 회복되는 때이기도 하다. 돌하르방이 묻는다. "자네, 지금 어린 시절 친구들의 이름을 몇 사람이나 불러낼 수 있겠는가.", "최근 가족들과 얼굴을 맞대고 수다를 떨어본 적이 있는가." 가물가물하다. 디지털에 빼앗긴 인간다움을 복원하라고 돌하르방이 타이르는 듯하다. 정보와 지식은 어디서든 검색하고 전송받을 수 있지만, 사색과 지혜, 인간적 감성은 결코 남에게서 받을 수 없다면서 돌하르방이 웃는다. 저 미소, 진짜 내 마음이 발효되고, 마냥 익는다.

황금분할을 멀리한 채, 가분수의 몸체가 믿음직스럽다. 벙거지를 눌러쓰고, 두툼한 손을 단정히 배 위에 옮겨 놓고 배시시 웃는 해학적인 모습은 희로애락의 정서가 녹아 있는 중화中和의 경지이다. 툭 불거진 왕방울 눈, 뭉툭한 코, 넓게 뻗은 귀, 꼭 다문 두툼한 입. 몸 전체에서 우리의 염량세태炎涼世態를 꾸짖는 법어가 나를 붙든다.

돌하르방은 신생대 화산작용으로 이루어진 제주섬의 분신이다. 돌하르방을 둘러치고 있는 커다란 자장 속의 아우라에는 설문대 할망과 함께 먼 전설의 사연들이 아름답게 녹아 있어 제주사람들의 정신적 수호신이 되어 동고동락하고 있을 성싶다.

돌하르방의 원형적 이미지는 수많은 은유적 요소로 존재한다. 제주사람들의 원초적 집단 무의식과 함께 하고 있는 것이다. 예를 들어 돌하르방의 코를 갉아 먹으면 아들을 낳는다는 속설에서 주술적·종교적 숭배의 대상으로 삼아왔던 것 같다. 돌하르방은 제주 여성들의 아니무스를 상징하는 것일 수도 있다. 돌하르방의 존재는 묵묵함, 변함없음, 늘 기다려주고, 지켜주는 의미와 통하며, 이는 제주 여성들의 긍정적인 아니무스를 상징한다 하겠다.

또한 돌하르방은 성문의 길목에 서서 친근한 수문장, 수호신의 역할을 하기도 하고, 때로는 남성성을 상징함으로써 제주사람들의 아버지이고, 할아버지이기도 하다. 때로는 원형적 대부로서 권선징악의 상징이기도 하고, 북쪽의 강한 하늬바람과 같은 시련과 고통을 숙명처럼 받아들이는 끈질긴 생명력을 대변하기도 한다.

돌하르방은 제주사람만이 아니라, 제주를 찾는 전 세계인들에게, 외로움을 이겨내고 평화를 지향하며 과거·현재·미래를 넘나드는 제주섬의 새로운 오늘을 보여준다. 과거는 지나간 현재요, 미래는 다가올 현재로서 오직 지금·여기를 포용하며 항상 웃음을 띄운다. 어쩌면 노자의 근본정신인 무위자연도 저 웃음 속에 숨어있을 성싶다. 아무것도 하지 않는 것 같아도 하지 않는 것이 없는 것, 이상적인 경지가 돌하르방의 존재 이유인지도 모른다.

오늘도 돌하르방은 수호자로, 경계자로, 주술자로 때로는 아니무스로 아니면 원형적 대부로 불러주기를 기다리고 있는 것이 아닐까. 살아있는 것 중에 오직 사람만이 웃을 줄 안다. 우는 짐승은 많지만 웃는 짐승은 없다. 돌하르방의 웃음, 사람 그 이상이다. 저 웃음, 내 마음에 잔뜩 끼어 있는 슬픔, 괴로움 같은 찌꺼기들을 하늘 너머로 날려버리고, 상실의 트라우마를 보듬어 주기도 한다.

서재의 내 마스코트, 돌하르방이 웃는다. 나도 웃는다.

■ 연보

•약력

▣ 제주 출생

▣ 학력

- •제주사범학교(1963),
  동아대학교정치외교학과(1979)
  부산대행정대학원(1989)
  동아대대학원 박사과정(행정학) 이수(1989)

▣ 약력

- •1963 ~ 2006, 교육계 종사(교사,교감,장학사,교장)
- •1986 ~ 2006, 부산경상대, 경남정보대, 부산대동대학,동서대 등 강사(국민윤리, 교육학, 행정학 등)

▣ 문학활동

- •2011, 수필과비평 등단
- •부산문인협회, 드레문학회 회원
- •교육에세이집 ≪교육세상 실루엣≫
- •수필집, ≪어멍아 어멍아≫(2012)
  ≪이어도 사나≫(2014)
  ≪오름아리아≫(2016)

≪버킷리스트여행≫(2018)

▣ 문학상

•수필과비평 문학상(2017)

•부산시문화재단 창작지원금 수혜(2회)

현대수필가 100인선 II· 49
신창선 수필선

흘러간다

초판인쇄 | 2020년 9월 10일
초판발행 | 2020년 9월 15일

지은이 | 신 창 선
펴낸이 | 서 정 환
펴낸곳 | 수필과비평사 · 좋은수필사

주 소 | 서울시 종로구 삼일대로 32길 36.
(익선동 30-6)운현신화타워 305호
전 화 | 02)3675-5635, 063)275-4000
등 록 | 제300-2013-133호
홈페이지 | http://www.shinapub.com
e-mail | essay321@hanmail.net

값 8,000원

ISBN 979-11-5933-285-2 04810
ISBN 979-11-85796-15-4 (세트)

이 도서의 국립중앙도서관 출판시도서목록(CIP)은 서지정보유통지원시스템 홈페이지(http://seoji.nl.go.kr)와 국가자료공동목록시스템(http://www.nl.go.kr/kolisnet)에서 이용하실 수 있습니다.(CIP제어번호: CIP2020037708)